# 상속세 핵심 이론과 실무

이현진(지도교수, 박사 Ph.D, 세무사),

윤사빈, 지현정, 서유림, 김부림, 윤상준, 이지응 공저

도서출판
어울림
www.aubook.co.kr

# 상속세 핵심 이론과 실무

이현진(지도교수, 박사 Ph.D, 세무사),

윤사빈, 지현정, 서유림, 김부림, 윤상준, 이지응 공저

도서출판

어울림

# 머 리 말

세법은 실무에서 요구되어 학문화 분야이다. 이런 이유로 경영학의 다른 과목에 비하여 실무 밀접도가 굉장히 높다. 따라서 세법 과목을 잘 공부한 학생은 사회에 나가서 사용할 수 있어 학과 만족도가 높다. 그러나 대부분 고등학교를 갓 졸업한 대학생들의 경우 세법 과목의 어려움을 토로한다. 이는 세법이 주는 딱딱함과 생소한 용어 때문이다. 하지만, 직장 생활을 한 후 세법을 공부하는 사람은 이미 경험한 경제적 상황으로 인하여 이해도가 빠르다고 볼 수 있다.

나도 대학생 시절 첫 세무회계 과목을 공부할 때 그 좌절감을 잊을 수 없었다. 경영학과에 입학하였던 나는 경영학의 여러 과목 중 회계학의 묘미에 빠졌다. 즉, 차변과 대변의 계산과 전환사채의 계산을 즐겁게 공부했던 것이다. 그러던 중 회계학을 잘하면 세법도 잘한다는 선배들의 말을 믿고 세법 과목을 처음 수강할 때 그 좌절감을 아직도 잊지 못한다. 난생 처음 느껴본 당혹함은 우리나라에서 세법을 제일 잘 가르친다고 소문나던 학원 강사의 인터넷 강의를 들어도 당최 이해가 되지 않았다. 아무리 공부해도 안 되는 과목이라 대학교 때 세법 과목은 모두 C+이었다. 당연히 회계사나 세무사를 공부했던 선배들이 모두 A와 B를 모두 가져갔기에 C를 맞을 것을 예상하였지만 실제로 그 성적을 받았을 때의 무기력감은 세법을 멀리하고 싶은 생각마저 들게 하였다. 그러나 시간이 지난 뒤에 사회생활 후 세법 과목을 다시 봤을 때는 이해도가 빨랐다. 이미 사회 생활 하면서 연말정산 등을 경험한 뒤였고 법인세가 뭔지 소득세가 뭔지 하는 등등은 대학 시절 공부했던 경험을 자산으로 알게 되어 세법 다시 공부할 때는 굉장히 수월함을 느꼈다. 그래서 그때 느낀 것은 세법은 실무를 경험해봐야 그 깊이의 맛을 느낄 수 있다는 것이다. 이는 세법이 실무 내용을 학문화한 과목이기에 그렇다. 본 과목을 서술하고 강의할 때 이런 점을 고민하고 기술하였다. 특별히 상속세 및 증여세 과목은 실생활에 굉장히 밀접한 과목이기에 사회초년생에게 꼭 알면 좋은 내용이다. 이에 해당 과목에 대해 어려운 부분은 최대한 빼면서 대학생들이 사회 나가기 전 꼭 필요한 부분만을 엄선하여 기술하였다.

특별히 본 책은 2022년 상속세 강의를 함께 만들었던 우송대 세무부동산학과의 4학년 학생들과 함께 저술하였다. 학생들과 함께 졸업 전 무언가를 선물로 해주면 좋겠다는 생각과 본 강의를 통해 학생들이 얻고자 하는 기대가 있어 수업 첫 시간에 학생들과 이야기하면서 본 책을 기획하여 만들었다.

그리고 상속세가 우리 실생활과 밀접하다는 것을 간접으로 체험하기 위하여 변호사와 간담회와 세무사 사무실에서 실제 사례를 보면서 학생들과 열띤 토론을 하는 것을 보면서 이 수업이 학생들에게 귀한 시간을 선사하였다는 점에서 뿌듯함을 느꼈다.

　　다만, 본 책에 많은 내용을 수록할 수 없어 핵심 요약 식으로 꼭 알아야 하는 것을 엄선하여 수업 중 분석한 판례와 실무 사례와 학생들이 스스로 연구하고 요약했던 부분도 수록하였다. 부디 본 과목을 좋은 강의와 함께 들어 세법의 깊은 묘미에 빠지길 기원한다.

2023년 3월 30일

이현진 교수(세무사) 외

우송대학교 세무부동산학과 4학년 학생 일동

▌왼쪽부터 김부림 학생, 지현정 학생, 이지응 학생, 소재윤 변호사,
　윤상준 학생, 서유림 학생, 윤사빈 학생, 이현진 지도교수

▌모여서 회의하는 학생들

# 목 차

## Chapter 01  민법상의 상속제도

# Chapter 02 상속개념

# Chapter 03 증여세

# 민법상의 상속제도

## 제1절 | 민법상 상속

### 1. 상속 개념

#### (1) 상속의 의의

❶ 상속 정의 : 자연인(피상속인 : 돌아가신 분)이 사망하였을 때 사망과 동시에 그가 생전에 가지고 있던 재산상의 권리와 의무가 상속인에게 포괄적으로 승계하는 과정으로 피상속인(돌아가신 분)의 재산이 무상으로 상속인에게 이전되는 것을 말함.

❷ 무상이전에 대한 세금 : 상속세, 증여세(생전에 계신 분)

## (2) 상속제도 존재 이유[1]

❶ 상속제도의 존재에 대한 이유는 다양한 학설이 존재함. 그 대표적인 것을 몇 가지 소개하면 ① 혈연의 대가로 보는유전설, ② 소유권자가 지닌 자신의 재산처분권의 사후연장으로 보는 유언자유설, ③ 부양의무자가 지는 부양의무의 사후형태라고 보는 사후부양의무설 등이 있음

❷ 현대 상속제도의 존재 이유는 전술한 여러 학설 중 하나만으로써 설명하는 것은 불가능함. 이는 사회제도로서의 상속제도는 각 시대의 특수성을 기초로 하는 그 사회의 요구와 그 사회의 문화의식 내에 존재하는 정당성을 기초로 하는 것이기 때문임. 따라서, 여러 학설을 복합적된 것이라고 보는 것이 타당함. 특히 가족공동체와 사유재산제의 유지, 계속에 대한 사회적 요구와 그 합의의 타당성에 기초를 둔다고 이해하여야 함.

## 2. 상속개시

## (1) 상속개시 원인

❶ 상속은 사망으로 인하여 개시된다(민법 §997).

❷ 사망에는 실종선고와 부재선고, 인정사망이 포함됨. 사망으로 인하여 상속이 개시되므로 상속인이 그것을 알았느냐의 여부는 중요하지 않으며 상속신고나 상속등기가 있어야 비로소 상속이 개시되는 것도 아님.

---

1) 이택스코리아 상속세 해설 참고

## (2) 자연사망, 실종선고와 부재선고

❶ 자연사망 : 실제 사망한 때(심장 박동 중지되는 순간)

❷ 실종선고 : 행방불명, 생사불명 등으로 부재자가 사망하였을 개연성이 매우 크지만, 확증이 없는 경우

❸ 부재선고 : 법원에서 일정 요건 하에 법률상 사망으로 간주하는 것.

- 보통실종 : 생존 증명할 수 있는 최후 시점으로부터 5년간.
- 특별실종 : 선박 침몰, 항공기 추락으로부터 1년간.
- ☞ 위 기간이 지나면 사망으로 간주.

※ 상속세 및 증여세법에서 사망일은 법원에서 사망선고 한날. = 상속 개시일

## 3. 상속개시장소

(1) **상속개시 장소** : 피상속인(돌아가신 분)의 주소지

(2) **상속개시 장소가 중요한 이유** : 피상속인의 주소지가 중요한 이유는 상속세를 관할 하는 세무서와 가정법원을 지정하는데 기준이 되기 때문임.

## 4. 친족의 범위

## (1) 개요

- 민법상 친족이란 배우자, 8촌 이내 혈족 및 4촌 이내 인척을 의미함.

(2) **배우자** : 혼인에 의하여 결합된 상대방. 혼인 신고를 하여야 하며 <u>혼인 신고되지 않은 사실혼 관계는 배우자로 보지 않음.</u>

### (3) 8촌 이내 혈족

❶ 혈족 : 본인과 혈연관계에 있는 자.

❷ 직계혈족 : 직계존속(부모님), 직계비속(자녀)

❸ 방계혈족 : 본인의 형제자매, 형제자매의 직계비속(조카). 직계존속의 형제자매(이모, 고모, 외삼촌 등)와 그 형제자매의 직계비속(사촌)

### (4) 4촌 이내 인척

❶ 인척 : 혼인을 매개로 일정한 신분 관계에 놓이게 되는 자.(처제, 형수, 처남, 사위, 며느리 등..)

❷ 촌수

## 제2절 민법 중 상속 관련 규정

### 1. 상속의 효력(상속 재산 이전)

● 상속 개시되는 때 상속인이 피상속인(돌아가신 분) 재산에 관한 포괄적 권리 의무를 승계함.

> Q. 만약, 피상속인(돌아가신 분)의 빚이 많을 경우 상속 개시할 때 모든 빚은 상속인이 부담하는가?
>
> A. 상속 포기 및 한정승인제도를 이용하면 상속재산 한도 내에서만 변제 책임을 부담하면 됨

### 2. 상속인의 순위

#### (1) 상속인

상속개시로 피상속인의 법률적 지위를 승계한 자.

#### (2) 상속인 순위

❶ 1순위 : 직계비속, 피상속인의 배우자
❷ 2순위 : 직계존속, 피상속인의 배우자
❸ 3순위 : 형제자매

❹ 4순위 : 4촌 이내 방계혈족

❺ 4순위까지 없는 경우

∘ 특별연고자 : 사실혼 관계 배우자, 사실상의 양자, 피상속인(돌아가신 분)의 요양간호에 종사한 자 등 법원에서 결정

※ *특별연고자는 피상속인(돌아가신 분)의 채무(빚)은 승계되지 않음.*

∘ 국가 : 특별연고자까지 상속재산 없는 경우 해당 재산은 국가에 귀속됨.

## 3. 상속결격

### (1) 상속결격 사유

① 고의로 직계존속(부모님), 피상속인(돌아가신 분), 그 배우자 또는 상속의 선순위나 동순위에 있는 자를 살해하거나 살해하려 한자.

② 고의로 직계존속(부모님), 피상속인(돌아가신 분), 그 배우자에게 상해를 가하여 사망에 이르게 한자

③ 사기 또는 강박으로 피상속인의 상속에 관한 유언을 하게 한 자

④ 피상속인의 양자 또는 기타 상속에 관한 유언서를 위조·변조·파기 또는 은닉한 자

### (2) 상속결격의 효과

❶ 상속결격자는 <u>피상속인에 대하여 상속인이 될 수 없음</u>. 다만, 결격자의 직계비속이나 배우자가 '대습상속'을 하는 데는 영향을 주지 않음.

❷ 대습상속 : 상속인이 상속개시 전 사망하거나 결격자가 된 경우 그 상속인을 대신하여 상속을 받는 경우를 말함. 상속 순위는 사망 또는 결

격한 사람의 순위로 봄.

> ✎ **[대습상속의 사례]**
> ● 부친 사망일 20.07.05.
> ● 상속인(1순위) : 장남, 차남
> ● 장남 사망일 : 20.08.05.
> ● 부친 상속재산의 상속인인 장남의 대습상속 : 장남의 배우자
> ● 부친 상속재산의 상속 1순위 : 장남의 배우자, 차남.

## 4. 상속재산 지분

### (1) 상속분

❶ 상속인 각자가 받을 수 있는 상속 지분(재산 몫)으로 <u>지정상속분과 법정상속분</u>이 있음.

❷ 지정상속분 : 피상속인(돌아가신 분)의 유언 등에 의하여 공동상속인의 상속분을 지정하는 것을 말함. 지정상속분은 법정상속에 우선함.

❸ 법정상속분

- 피상속인(돌아가신 분)이 공동상속인의 상속분을 지정하지 아니할 때 민법 규정에 따라 상속분이 결정되는 것.

- 같은 순위의 상속인이 여러명인 경우 그 상속분은 동일

- 상속인 중 피상속인의 배우자가 있는 경우 : <u>피상속인의 배우자 상속분은 직계비속과 공동으로 상속할 때 직계비속의 상속분의 5할(50%) 가산하고, 직계존속과 공동으로 상속하는 때에 직계존속 상속분의 5할(50%) 가산</u>

> ✎ **[법정상속지분 사례]**
>
> **Q. 상속인이 직계비속 1인, 배우자인 경우 법정상속분**
>
> A.
>
> ☞ 상속인 = 1, 1 = 총 2명
>
> ☞ 상속지분 비율 = 1, 1.5 = 2.5
>
> 1) 자녀 상속분 : 1/2.5 = 2/5
>
> 2) 피상속인의 배우자 : 1.5/2.5 = 3/5
>
>  
>
> [문제] 상속인이 자녀 2인, 피상속인의 배우자인 경우 법정상속분은??
>
> 1) 자녀 A : 2/7 = 1/3.5 = 2/7
>
> 2) 자녀 B : 2/7 = 2/7
>
> 3) 배우자 : 3/7 = 1.5/3.5 = 3/7

## (2) 기여분제도

피상속인(돌아가신 분)의 상속재산을 기여한 상속인에게 법정상속분에 기여분을 가산하는 것을 말하는 것으로 상속인 간의 협의를 통하여 진행하거나 가정법원에 청구하여 진행함.

## (3) 유류분

유류분이란 상속인을 위해 법률상 최소한의 상속분을 말함. 사유재산제도 하에서 개인은 원칙적으로 자기가 소유하는 재산을 생전에 처분할 수 있고 유언에 의하여 사후에 처분할 수 있음. 그러나, 본인 사후에 상속인의 물적 생활기반까지 희생시키면서 타인에서 유증하면 상속인의 경제 기반이 흔들릴

수 있으므로 이를 방지하는 제도 유류분임.

## 🍀 유류분 관련 기사

## 故 김영삼 전 대통령의 혼외자 유류분 처분 소송

2011년 2월, 서울가정법원은 김 씨가 김영삼 전 대통령을 상대로 자신이 김 전 대통령의 친아들임을 인정해 달라며 낸 소송에서 원고 승소 판결을 했다. 당시 재판부는 김 씨가 김 전 대통령의 친아들이라고 주장하며 제기한 증거 일부가 인정되고, 김 전 대통령이 유전자 검사 명령에 응하지 않은 점 등을 고려해 이같이 판결했다고 밝혔다. 김 전 대통령이 항소하지 않으면서 이 판결은 확정됐다. 민법 제1112조는 '피상속인의 직계비속에게 그 법정상속분의 2분의 1'을 유류분으로 인정하고 있다.

친자확인 소송이 진행 중이던 같은 해 1월, 김영삼 전 대통령은 서울 상도동 자택을 비롯해 경남 거제도와 마산의 땅 등 50억 원에 이르는 자신의 재산 전부를 사회에 환원하겠다고 밝혔다. 김 전 대통령은 자택을 방문한 당시 한나라당 안상수 대표로부터 신년 인사를 받는 자리에서 집도 다 내놓았고 자식에게 재산을 물려주는 것도 일절 없다고 밝혔다. 이후 경남 거제도 땅 등은 사단법인 김영삼민주센터에 기부했고, 서울 동작구 상도동 자택은 부인 손명순 여사 사후 소유권을 센터에 기부하도록 했다.

김 씨 측은 김 전 대통령이 김영삼민주센터에 전 재산에 대한 증여의사를 표시한 당시는 김씨가 이미 김 전 대통령의 친자로 등재된 상황이었다며, 김영삼민주센터도 김 전 대통령이 전 재산을 증여함으로써 김 씨의 유류분권리가 침해된다는 사실을 알고 있었다고 봐야 한다며 소송을 낸 것으로 알려졌다.

서울중앙지법 제22민사부(전지원 부장판사)는 지난 2월 7일 '피고 사단법인 김영삼민주센터는 원고 김 모씨에게 3억 원을 지급하라.'는 내용의 조정 결정을 내렸다. 민사상 분쟁해결절차 중 하나인 '조정'에는 당사자가 모두 그 조정내용에 동의해 성립하는 임의조정과 당사자가 그 내용에 동의하지 않을 때 하는 강제조정이 있다.

2016년 5월 접수된 이 소송은 두 차례 변론기일을 거쳐 지난 1월 조정절차에 회부됐다.

하지만 당사자 모두 합의점을 찾지 못해 조정불성립으로 결론이 나오자 재판부가 강제조정 결정을 내렸다. 강제조정은 재판부가 직권으로 원·피고 간 화해조건을 결정, 양측이 2주 안에 이의를 제기하지 않을 경우 판결과 같은 효력을 갖는다. 두 당사자들의 이의제기가 없어 지난 2월 7일 사건이 마무리된 것이다.

출처 한국일보-손현성 기자 / 내일신문-장승주 기자 / KBS NEWS-홍진아 기자

## 5. 상속 승인과 포기

상속개시에 의해 피상속인의 재산상의 모든 권리와 의무를 포괄적 승계

**(1) 상속 승인** : 단순승인, 한정승인

❶ 단순승인 : 피상속인의 권리 및 의무를 무제한 무조건적으로 승인하는 상속방법
❷ 한정승인 : 상속인이 상속으로 인하여 취득한 재산의 한도 내에서 채무와 유증(유언을 받는 재산)* 변제할 것을 조건으로 상속을 승인하는 것.

* 유증
  • 정의 : 피상속인(돌아가신 분)이 유언에 의하여 상속 재산을 수증자(유언에 의하여 재산을 받는 자)에게 무상으로 증여하는 행위
  • 유증의무자 : 유증을 이행하는 상속인.

**(2) 상속포기**

❶ 의의 : 상속개시로 인하여 상속인에게 귀속될 피상속인에 대한 모든 권리 및 의무의 승계를 부인하고 상속개시 당시부터 상속인이 아니었던 효력을 발생하게 하려는 단독 의사표시를 말함.
❷ 효과 : 처음부터 상속인이 아닌 것과 같은 지위에 있음
❸ 신고 : 상속개시가 있음을 안날로부터 3개월 이내 가정법원에 포기 신고

> ✎ **[생각하기]**
>
> **Q. 공동으로 상속받은 경우 상속포기는?**
>
> A. 각 상속인은 단독으로 포기 가능.
>
>   예) 형 상속 유지, 나 상속 포기. = 나의 상속분은 형에게 귀속.

# Chapter 02
# 상속개념

## 제1절 상속세 과세 개요

### 1. 상속세 의의

#### (1) 정의

상속세란 <u>사망으로 그 재산이 가족이나 친족 등에게 무상으로 이전되는 경우에 당해 상속재산에 대하여 부과하는 세금</u>을 말한다.

#### (2) 상속세 부과 취지[2]

❶ 재정수입 확보

❷ 자유시장 경제에 수반되는 모순을 제거

❸ 사회정의와 경제민주화를 실현하기 위하여 국가적 규제와 조정 등을 광범위하게 인정하는 사회적 시장경제질서의 헌법 이념에 따라 재산상

---

[2] 헌법재판소. 1997.12.24. 선고, 96헌가19 결정.

속을 통한 부의 영원한 세습과 집중을 완화하여 국민의 경제적 균등을
도모

## 2. 상속세의 특성

❶ 무상으로 이전받은 재산에 대한 세금
❷ 초과누진세율로 인해 부의 재분배 역할
❸ 탈루 소득을 상속세 때 다 과세할 수 있다는 특성
❹ 부의 집중되는 현상을 방지하는 효과

## 3. 상속세와 다른 법률과의 관계

❶ 민법과의 관계 : 상속세 과세원인에 관한 규정이 상속세에 없으므로 해
당 내용은 모두 민법 상속편 규정을 준용함.

❷ 증여세와의 관계
- 상속세와 증여세 공통점 : 재산의 무상 이전
- if. 무상이전에 대한 세금을 상속세만 과세한다면 생전에 있을 때 무상
으로 소득을 이전하려고 할 것으로 조세회피가 가능하게 됨(조세부담
공평성 해침) 따라서, 생전에 있을 때 재산의 무상이전할 경우 증여세
를 부과함으로써 보완함.

❸ 소득세와의 관계
- 상속재산에는 소득세 과세하지 않음.(상속세로 과세하기 때문)
- 피상속인의 생전에 있을 때 소득세로 과세하지 않았던 부분 모두 상속

세 통해서 과세가능함에 따라 소득세 보완적인 역할을 함.

## 4. 상속세 과세유형

### (1) 상속세 과세유형

상속세 과세하는 형태는 유산과세형와 취득과세형(우리나라는 유산과세형, 증여세는 취득과세형을 채택)이 있음.

### (2) 유산과세형

❶ 개념 : 피상속인이 남긴 유산총액(재산)의 이전을 과세물건으로 하여 피상속인 기준으로 과세하는 것.

❷ 장점
- 누진세율 = 세금을 많이 거둘 수 있음.(세수가 증대효과가 큼)
- 세금계산 굉장히 편함, 세무행정 효율성이 높음.

❸ 단점
- 각 상속인이 받은 무상취득가액에 대한 차이에 불구하고 같은 수준의 한계세율을 적용함.
- 부의 세대간 분산이전에 중립적임

## (3) 취득과세형

❶ 개념 : 취득자(상속인 등)의 입장에서 상속세를 계산하는 것.(증여세 계산하는 것)

❷ 장점
- 세부담이 적음
- 중산계층 입장에서 좋음.
- 부의 분산이 가능.

❸ 단점
- 세수증대 확보가 적다.
- 위장 분산할 가능성이 높음.
- 조세행정 복잡

## (4) 우리나라 상속세 과세유형

❶ 우리나라의 상속세 과세방법은 제정 당시(1950년)부터 현재에 이르기까지 '유산과세형'을 계속 유지하고 있음.

❷ 피상속인이 남기고 간 상속재산을 총체적으로 일괄평가하여, 상속세법에 규정한 상속공제를 차감한 가액을 과세표준으로 하여 세액을 일괄 계산함.

❸ 그러나 그 세액의 납부에 있어서는 각 상속인 또는 수유자가 받은 재산의 점유비율에 따라 연대하여 납부하도록 하고 있음.

## 제2절 | 상속세의 과세대상 및 납부의무

### 1. 상속세 과세대상

**(1) 상속의 범위** : 유증, 사인증여, 특별연고자의 상속재산의 분여

❶ 상속 : 민법 규정에 따라 사망 또는 실종선고를 받은 자(피상속인)의 권리 및 의무를 일정한 자(상속인)에게 포괄적으로 승계시키는 것.

❷ 유증 : 유증이란 유언자가 민법상 적법한 유언에 의하여 자기의 재산을 수증자에게 사후에 무상으로 양도할 것을 그 내용으로 하는 단독행위. (유언에 의해서 상속재산.)

❸ 사인증여 : 증여자의 생전에 당사자 합의에 의하여 증여계약이 체결되어 증여자의 사망을 법정조건으로 효력이 발생하는 증여

✎ **[생각하기]**

**[사례 1]**

2023년 1월 1일 김○○는 지병에 의하여 사망하였다. 김○○의 상속재산을 장남 A에게 유증 하였지만, 장남 A는 김○○의 사실상 혼외자인 박○○에게 상속재산의 일부를 나누어주었다. 이때 상속재산 범위를 논하라.

**[사례 2]**

2023년 1월 1일 박○○는 질병에 의하여 사망하였다. 박○○는 예금 1억 원과 아파트 10억 원(시가) 소유하고 있었다. 해당 상속재산은 상속인

딸 A에게 이전되었지만, 딸 A는 상속을 포기하였다. 그 다음 상속순위를 논하라. 또한, A가 박○○의 예금을 본인 계좌에 이체한 후 그 다음 상속순위인 자에게 주었다면 이 경우 상속재산의 범위에 들어가는지 논하라.

## (2) 상속재산

❶ 정의 : 피상속인에게 귀속되는 모든재산
❷ 상속재산 범위
  - 금전으로 환산할 수 있는 경제적 가치 있는 모든 물건
  - 재산적 가치가 있는 법률상 또는 사실상의 모든 권리.
❸ 상속세 과세대상
  - 거주자 : 국내 + 국외 모든 재산.
  - 비거주자 : 국내 모든 재산

### ✎ [거주자와 비거주자 구분]

국내에 거주하는 개인이 다음의 어느 하나에 해당하는 경우에는 국내에 주소를 가진 것으로 본다(소령 §2 ③ · ⑤).

❶ 계속하여 183일 이상 국내에 거주할 것을 통상 필요로 하는 직업을 가진 때
❷ 국내에 생계를 같이하는 가족이 있고, 그 직업 및 자산상태에 비추어 계속하여 183일 이상 국내에 거주할 것으로 인정되는 때
❸ 외국을 항행하는 선박 또는 항공기의 승무원의 경우 그 승무원과 생계를 같이하는 가족이 거주하는 장소 또는 그 승무원이 근무기간 외의 기간중 통상 체재하는 장소가 국내에 있는 때에는 당해 승무원의 주소는 국내에 있는 것으로 본다

※ 거주자와 비거주자 비교

| 구분 | 거주자 | 비거주자 |
|---|---|---|
| 과세관청 | 피상속인의 주소지 | 주된 상속재산 관할서 |
| 상속세 신고기한 | 상속개시일이 속하는 달의 말일로부터 <u>6개월 이내</u> | 상속개시일이 속하는 달의 말일로부터 <u>9개월 이내</u> |
| 과세범위 | 국내 및 국외 모든 상속재산 | 국내에 소재한 모든 상속재산 |
| 과세가액 차감 | 공과금 및 장례비, 채무 모두 공제 가능 | 국내 사업장에 확인되는 공과금 및 채무만 공제 가능 |

▣ 주요 예규·판례

❹ 청구인의 국내에 생계를 같이하는 가족 유무, 국내의 직업 및 소득 현황, 국내에 소재하는 자산, 국내의 경제 및 법률관계 등을 종합적으로 고려할 때, 쟁점주식 증여 당시 청구인은 소득세법 및 상증세법이 정한 국내 거주자에 해당하는 것으로 판단됨(조심2017서1408, 2021.04.22.)

❹ 피상속인이 2007년 캐나다로 이주한 후에도 국내 부동산 취득 및 양도 횟수가 다수인 점으로 보아 국내에서의 경제활동이 계속 이루어지고 있었다고 볼 수 있는 점, 피상속인은 건강보험 직장가입자로 등록되어 있었고, 본인소유 자동차를 운전하기 위해 자동차 운전면허증을 갱신하여 재교부 받았으며, 국민연금을 해외이주 후에도 상실하지 않고 계속 불입하여 사망시까지 수령한 사실이 확인되는 점 등에 비추어, 피상속인을 비거주자로 보기 어려우므로 피상속인을 국내 거주자로 보아 상속세를 과세한 이 건 처분은 잘못이 없음(조심2017서1172,

2019.06.21.)

♻ 해외 이주한 피상속인을 비거주자로 보았으나, 나이 어린 딸의 교육목적상 부득이 이민의 형식을 취한 경우로서 '거주자'로 본 사례(국심 2002부3100, 2003.02.05)

♻ 국내에는 부동산, 주식 및 금융자산이 충분히 있었고 계속적인 소득이 발생하고 있었던 반면 ○○에서는 재산이나 소득발생내역이 없었던 것으로 확인되는 등 사실관계를 종합적으로 살펴보면 피상속인을 비거주자로 보기는 어렵다고 판단됨(조심2019서2181, 2020.04.14.)

♻ 피상속인의 국내 임대소득 외에 국외에서의 다른 소득이나 재산내역이 확인되지 아니하는 점, 19xx년 이후로 피상속인의 국내 거주일이 국외보다 더 많아 노후에 국내로 복귀하기 위하여 국내에 임대용 부동산을 신축하였다는 청구주장에 신빙성이 있어 보이는 점 등에 비추어 피상속인의 일반적 생활관계가 형성되는 장소를 국내로 보는 것이 타당하므로 처분청이 상속개시 당시 피상속인을 비거주자로 보아 청구인에게 상속세를 과세한 처분은 잘못이 있음(조심2015서71,2015.11.23.)

**(3) 상속개시일** : 피상속인이 사망하는 순간 상속 개시

❶ 자연적 사망 : 실제로 사망한 사실이 발생하는 시점
❷ 인정사망 : 가족관계등록부에 기재된 사망의 연, 월, 일, 시
❸ 실종선고 : 실종선고일
❹ 부재선고 : 선고일

## 2. 상속세 납부의무

### (1) 상속세 납세의무자

1) 관련 규정 : 상속세 및 증여세법 제3조의 2

❶ 상속인(특별연고자 중 영리법인은 제외한다) 또는 수유자(영리법인은 제외한다)는 상속재산(제13조에 따라 상속재산에 가산하는 증여재산 중 상속인이나 수유자가 받은 증여재산을 포함한다) 중 각자가 받았거나 받을 재산을 기준으로 대통령령으로 정하는 비율에 따라 계산한 금액을 상속세로 납부할 의무가 있다.

❷ 특별연고자 또는 수유자가 영리법인인 경우로서 그 영리법인의 주주 또는 출자자(이하 "주주등"이라 한다) 중 상속인과 그 직계비속이 있는 경우에는 대통령령으로 정하는 바에 따라 계산한 지분상당액을 그 상속인 및 직계비속이 납부할 의무가 있다.

❸ 제1항에 따른 상속세는 상속인 또는 수유자 각자가 받았거나 받을 재산을 한도로 연대하여 납부할 의무를 진다.

2) 상속세 납세의무자

❶ 상속인 : 상속으로 인하여 재산을 취득한 자. 상속순위에 따른 상속인, 대습상속인, 피상속인의 배우자, 결격상속인

❷ 수유자 : 유증을 받은 자 또는 사인증여에 의하여 재산을 취득한 자

❸ 영리법인의 주주 또는 출자자 중 상속인과 그 직계비속(자녀)

---

✎ **[생각하기]**

※ **영리법인이 상속재산을 받은 경우**

♻ 원칙 : 상속재산 납부하지 않음.

♻ 예외 : 영리법인 주주 또는 출자자 상속인.

---

## (2) 상속세 납부의무

○ 일반적인 경우 : 상속인 또는 수유자는 상속세에 대하여 각자가 받았거나 받을 재산을 기준으로 상속세를 납부할 의무가 있음.

---

✎ **[상속인 등 부담하는 상속세 계산 방법]**

❶ 1단계 : 상속재산가액 확인 = 상속세 과세표준 = 간주상속재산 + 추정상속재산 − 비과세 − 공과금 및 채무, 장례비 + 사전증여재산가액[1]

 *1 : 사전증여재산 = 상속인 : 10년, 상속인이 아닌 자 5년

❷ 2단계 : 상속인별 상속세 비율 = 각자 받은 만큼

  = (상속세 과세표준) × (상속인 받은 재산 비율)

  = (상속인별 과세가액/총과세가액)) / 총상속세 과세표준

  = 상속인 받은 재산비율

## ▣ 주요 예규·판례

● 상속재산의 협의분할 또는 상속포기 신고에 의한 상속 포기가 없는 경우 상속재산은 법정상속지분을 각 상속인이 상속받은 것으로 볼 수 밖에 없다는 사례(조심2008서2766, 2008.11.27.)

● 상속을 포기한 자도 상속세를 납부할 의무가 있으며, 또한 각자가 상속받았거나 받을 재산을 한도로 상속세를 연대하여 납부할 의무가 있음. 이 때 그 상속재산에는 상속재산으로 보는 보험금을 포함하는 것임(상속증여-393, 2013.07.22)

● 상속인 또는 수유자별 납부할 상속세 비율산정시 상속세 과세가액에는 상속세 과세가액 불산입액은 포함하지 아니함(서면4팀-899, 2008.04.03)

● 사전증여재산을 해당 상속인의 상속세 과세표준으로 배분시 해당 상속인의 상속세 과세표준으로 배분하여 상속인별 상속세 부담비율을 계산하고 이에 따라 상속인별 납부할 세액을 계산한 것은 정당하다는 사례(조심2008중906, 2008.10.06)

● 수인의 상속세 납세의무자들은 전체 상속재산에 관하여 산출된 상속세를 각자 일정한 범위에서 납부할 의무가 있으므로, 과세관청이 이들 전부를 상속세 납세의무자로 삼아 상속세를 부과하지 아니한 채 일부 상속세 납세의무자에 대하여만 상속세 전액을 부과하였다면 그중 일부 상속세 납세의무자가 납부하여야 할 세액을 초과하여 부과한 부분은 위법함(대법2012두22706, 2014.10.15)

## 제3절 상속세 과세가액

|  | 총상속재산 | • 본래의 상속재산가액 +간주(의제)+추정 |
| --- | --- | --- |
| - | 비과세재산가액 | • 국가 등 유증한 재산 등 |
| - | 과세가액불산입 | • 공익법인 등에 출연재산 등 |
| - | 공과금 및 장례비용, 채무 |  |
| + | 증여재산가액 | • 상속개시일 전 일정기간 증여한 재산가액 |
| = | 상속세과세가액 |  |

○ 총상속재산 = 본래의 상속재산 + 간주(의제)·추정상속재산

○ 본래의 상속재산 : 상속개시일 현재 피상속인이 소유하고 있는 재산.

　; 상속재산에 포함되는 경우와 그렇지 않은 경우 구분이 중요

○ 간주(의제)상속재산 : 본래 상속재산은 아니라 상속재산으로 간주하는 재산

　= 보험금, 신탁재산, 퇴직금 등

○ 추정상속재산 : 상속개시일 전 피상속인이 처분한 재산 또는 부담한 채무로서 일정금액을 초과하는 경우 그 용도가 불분명한 것.

## 1. 본래의 상속재산

(1) **정의** : 상속개시 당시 피상속인에게 귀속되는 재산

❶ 금전으로 환산할 수 있는 경제적 가치가 있는 물건
❷ 재산적 가치가 있는 법률상 또는 사실상의 모든 권리

(2) **본래의 상속재산에서 제외되는 것**

○ 피상속인의 사망으로 인하여 소멸되는 것은 제외함.

(3) **상속재산에 포함되는 경우**

❶ 물권, 채권, 영업권 및 무체재산권 뿐만 아니라 신탁수익권 등 법률상 근거에 불구하고 경제적 가치가 있는 것.
　cf. 담보물건 형태로 갖고 있는 질권 및 저당권, 지역권 등은 상속재산에 포함되지 않음.

❷ 상속개시일 현재 배당금, 무상주를 받을 권리 = 상속재산 포함.
　cf. 배당기준일 현재 생존하였지만, 주주총회 전 사망한 경우로서 상속개시 후에 잉여금 처분이 확정된 배당금은 상속재산에 포함되지 않음.

❸ 상속개시 전 피상속인이 부동산 양도계약을 체결하고 잔금을 영수하기 전에 사망한 경우에는 양도대금 전액에서 상속개시 전에 영수한 계약금과 중도금을 차감한 잔액 = 사망 전에 받지 못한 잔금도 상속재산에 포

함한다는 의미임.

❹ 상속개시 전 피상속인이 부동산 양수 계약(부동산 사는 것)을 체결하고 잔금을 지급하기 전에 사망한 경우에는 이미 지급한 계약금과 중도금

❺ 상속개시일 현재 피상속인이 명의신탁한 사실이 명백히 확인되는 재산
   cf. 상속개시일 현재 피상속인이 명의수탁하고 있는 재산이 명백히 확인되는 재산은 상속재산에 포함되지 않음.

## (4) 상속재산에 포함되지 않은 경우

❶ 질권·저당권 또는 지역권과 같은 종된 권리

> ✐ **[용어정리]**
> ♣ 질권 : 채무 변제될 때까지 점유하고 있는 목적물
> ♣ 저당권 : 목적물의 인도를 받지 않고 그 위에 우선변제권을 확보하고 있는 담보물권
> ♣ 지역권 : 타인의 토지를 자기 편익에 이용하는 물권(통행, 물 끌어오는 행위 등)

❷ 주주총회에서 잉여금처분 결의 전에 사망시 배당금

❸ 명의수탁재산

❹ 상속개시일 현재 회수불능채권

▣ **주요 예규·판례**

❀ **상속개시 후 명의 이전된 재산의 상속재산 포함여부**

상속개시 당시에는 피상속인의 명의로 되어 있었으나 상속개시 후에 피상속인의 재산을 상속인이나 상속인 이외의 자에게 이전된 경우의 상속재산 포함여부에 관하여 국세청은 다음과 같이 해석하고 있다(상증통 2-0…2).

① 상속개시 후 피상속인의 재산을 상속인을 취득자로 하여 증여 또는 매매를 원인으로 하는 소유권이전등기 등을 한 경우 그 재산은 상속재산에 포함한다. 이 경우 그 재산에 대하여 별도로 증여세를 과세하지 아니한다.

② ①의 규정을 적용할 때 상속인외의 자를 취득자로 하여 피상속인으로부터 직접 소유권이전등기 등을 한 경우 그 재산은 상속재산에 포함한다. 이 경우, 그 재산이 피상속인으로부터 유증 또는 사인증여(상속세및증여세법 제14조 제1항 제3호에 따른 증여채무의 이행중에 증여자가 사망한 경우의 해당 증여를 포함한다)된 것이 아닌 경우에는 상속인이 그 취득자에게 소유권을 이전한 것으로 본다.

❀ **부동산 매매계약 이행중인 재산의 상속재산 포함여부**

부동산 매매계약을 체결하고 잔금이 청산되지 아니한 상태에서 양도자나 양수자가 사망한 경우의 상속재산가액은 다음과 같이 계산한다(상증통 2-0…3). 상속개시일 전 가계약금까지 수취한 경우도 적용된다(사전-2019

-법령해석재산-0576, 2020.02.17.)

### ☸ 상속개시일과 증여등기접수일이 동일한 경우 상속재산 판단

부동산의 경우 증여시기는 등기접수일이 되는 것이며, 상속개시일과 증여등기 접수일이 동일자인 경우 당해 재산이 상속재산인지 또는 증여재산인지에 대하여는 그 시차에 의하여 구분한다(재삼 46014-2986, 1997.12.22.).

### ☸ 상속개시전에 부동산 증여하였으나 등기하지 않은 상태에서 사망한 경우

부동산 증여에 있어 그 부동산의 취득일은 증여에 따른 소유권이전등기를 한 때이며 그 소유권이전등기를 마치지 아니한 이상 아직 그 부동산을 취득한 것으로 볼 수가 없고, 따라서 그러한 상태에서 소유자이던 증여자가 사망한 경우에는 그 부동산은 상속재산에 속한다고 봄이 상당하고, 이러한 해석이 실질과세의 원칙에 위배된다고 할 수도 없다고 할 것이다(대법 2002두1618, 2003.06.13.).

### ☸ 물권, 채권, 무채재산권, 영업권 등 포함 여부

상속재산에는 물권, 채권 및 무체재산권 뿐만 아니라 신탁수익권 등이 포함된다. 상속재산에는 법률상 근거에 불구하고 경제적 가치가 있는 것, 예를 들면 영업권과 같은 것이 포함된다(상증통 2-0…1).

## 2. 간주(의제) 상속재산

### (1) 정의

상속 원인에 의하여 취득한 재산은 아니지만, 취득 사실의 결과가 상속 등에 의한 재산취득과 동일한 결과가 발생하는 경우 상속재산을 말함.

### (2) 간주상속재산 범위

○ 보험금, 신탁재산, 퇴직금 등.

1) 상속재산으로 보는 보험금

❶ 피상속인의 사망으로 받는 생명보험 또는 손해보험의 보험금
❷ 계약자가 피상속인인 경우
❸ 보험료 납부를 피상속인이 한 경우(계약자가 피상속인 여부 불문)

---

🖉 **[용어정리]**

♻ 보험계약자 : 보험을 계약한 자
♻ 피보험자 : 보험 사고 발생의 객체가 되는 사람
♻ 보험수익자 : 보험금을 받게 되는 사람

---

※ 보험금과 세금 과세 여부

❶ 보험계약자와 피보험자가 같은 경우 보험계약자가 사망함으로써 보험수

익자에게 보험금이 지급된 경우 = 상속세 과세

❷ 보험계약자와 피보험자가 다른 경우 보험계약자가 생존해 있는 상태에서 보험금이 지급된 경우 = 증여세 과세

---

**[사례별 상속세 과세 여부]**

[1] 아버지가 삼성생명에 보험을 계약하고 본인의 상해(사망 포함) 등의 원인으로 보험금을 본인이 받는 경우 : 부 사망

- 보험계약자 : 아버지
- 피보험자 : 아버지
- 보험수익자 : 아버지(채권)
- 상속세 과세여부 : 상속세 과세대상 = 본래 상속재산

[2] 아버지가 삼성생명에 가입하고 본인의 상해(사망 포함) 등의 원인으로 딸이 보험금을 받는 경우 : 부 사망

- 보험계약자 : 아버지
- 피보험자 : 아버지
- 보험수익자 : 따님
- 상속세 과세여부 : 간주상속재산.

[3] 아버지가 보험에 가입하고(납부 아버지), 배우자의 상해(사망 포함) 등의 원인으로 보험금을 아들이 받는 경우 : 모 사망

- 보험계약자 : 아버지 / 납부 아버지
- 피보험자 : 어머니
- 보험수익자 : 아들

   • 상속세 과세여부 : 상속세 과세안함. 증여세를 과세함.

[4] 자녀가 보험에 가입하고(납부 자녀), 어머니의 상해(사망 포함) 등의
원인으로 보험금을 자녀가 받는 경우 : 모 사망
   • 보험계약자 : 자녀
   • 피보험자 : 어머니
   • 보험수익자 : 자녀
   • 상속세 과세여부 : 상속세 과세 안함. 증여세 과세 안함.

## ▣ 주요 예규·판례

❀ 피상속인의 사망으로 지급되는 보험금의 수익자가 상속인이 아닌 경우
에는 당해 보험금을 피상속인으로부터 유증 등을 받은 것으로 보는 것
이며, 그 유증을 포기하여 상속인 간에 최초 협의분할한 경우 증여세
과세 안됨(서면4팀-537, 2005.04.11.)

❀ 보험료불입자와 보험금수익자, 피보험자가 동시 사망한 경우 상속세
및 증여세 과세방법은 보험금수취인으로 지정된 자가 보험료불입자로
부터 당해 보험금을 증여받은 것으로 보아 증여세를 과세하고, 당해
보험금을 보험금수취인으로 지정된 자의 상속재산에 포함시키고 증여
세는 공과금으로 공제하여 그의 상속인에게 상속세를 과세함이 타당함
(서일46014-10678, 2003.5.28).

❀ 쟁점보험료가 청구인 명의의 쟁점계좌에서 자동이체 되어 납부되었다
하더라도 청구인 가족의 생활비 등 지출을 위한 쟁점계좌에 입금된 현

금에 대한 자금출처가 구체적·객관적으로 입증되는 등 특별한 사정이 없는 한, 피상속인이 쟁점보험료를 납입한 것으로 보는 것이 합리적인 바, 쟁점보험금을 상속재산으로 보는 보험금으로 봄이 타당함(조심 2021부3012, 2021. 10.12.)

❀ 보험계약자인 피상속인의 사망으로 인하여 수익자로 지정된 상속인(이하 "지정수익자"라 함)이 지급받는 생명보험금은 수익자의 고유재산에 해당하여 민법에 따른 협의분할 대상이 아니므로, <u>공동상속인간의 자의적인 협의분할에 의하여 지정 수익자 외의 자가 분배 받은 경우에는 증여세가 과세되는 것임</u>(법령해석과-1672, 2015.7.2015.7.13)

❀ 즉시연금보험의 보험계약자가 사망한 경우 해당 보험계약은 <u>상속재산으로서 상속개시 당시의 해지환급금 상당액으로 평가함</u>(사전-2019-법령해석재산-0378, 2021.01.19.)

## (2) 상속재산으로 보는 신탁재산

❶ 피상속인의 신탁한 재산
❷ 피상속인이 신탁재산으로부터 이익을 받을 권리를 소유한 경우

☞ 위 요건 충족할 경우 상속재산으로 봄. 단, 피상속인이 신탁한 재산이지만 타인이 신탁의 이익을 받을 권리를 소유하고 있는 경우에는 상속재산으로 보지 않음.

## ▣ 주요 예규·판례

㉮ 피상속인이 상속개시일 현재 명의수탁하고 있는 재산임이 명백히 확인되는 경우 당해 재산에 대하여는 상속세가 과세되지 아니하는 것임(재삼46014-2620, 1997.11.06.)

㉮ 재건축조합의 명의로 신탁등기된 재산은 상속재산에 해당됨(국심2005서2949, 2006.04.13)

### [판례] 조심2019서4395(2020.06.30)

[제목] 청구인에 대한 명의신탁재산의 증여의제에 따른 증여세 결정이 상속세의 후발적 경정청구 사유에 해당하는 지 여부

[요약] 조사청은 20◇◇년 이전 ◈◈◈이 쟁점주식을 피상속인에게 명의신탁한 사실을 확인하였음에도 부과제척기간 경과로 인해 증여세를 과세하지 못하였고, 피상속인이 사망하자, ◈◈◈이 청구인에게 명의신탁한 것으로 보아 상속개시일을 기준으로 청구인에게 증여세를 과세하였는바, 이는 조사청이 쟁점주식의 실소유자를 ◈◈◈으로 판단한 것이므로 쟁점주식의 귀속이 제3자인 ◈◈◈에게로 변경시키는 결정이 있었다 할 것인 점 등에 비추어 쟁점주식의 명의신탁에 대한 증여세 결정으로 인해 「국세기본법」 제45조의2 제2항 제2호의 후발적 경정청구 사유가 발생되었다 할 것이므로 처분청에서 청구인의 경정청구를 거부한 당초 처분은 잘못이 있는 것으로 판단됨

[결정유형] 취소

[참조결정 조심 2018중2499

[주문]

OOO세무서장이 2019.5.2. 청구인에게 한 2004.5.11. 상속분 상속세 OOO대한 경정청구 거부처분은 이를 취소한다.

[이유]

1. 처분개요

가. 피상속인 OOO2004.5.11. 사망하자 배우자인 청구인 등의 상속인들은 2004.11.11. OOO주식 7,557주 및 OOO주식 49,231주(비상장 주식으로 이하 "쟁점주식"이라 한다)을 상속재산가액에 포함하여 2004.5.11. 상속분 상속세 OOO신고·납부하였고, 처분청은 2007.5.11. 쟁점주식을 포함하여 상속세 OOO결정하였다.

나. OOO지방국세청장(이하 "조사청"이라 한다)은 2018년 12월경 청구인에 대한 증여세 조사를 실시한 결과, OOO2000년 이전 피상속인에게 쟁점주식을 명의신탁하였으나, 부과제척기간이 경과한 사실을 확인하고, 피상속인의 상속개시일인 2004.5.11.에 상속인이 OOO으로부터 쟁점주식을 명의신탁받은 것으로 보아 관련 과세자료를 처분청에 통보하였으며, 처분청은 이에 따라 2019.1.29. 명의신탁재산의 증여의제 규정을 적용하여 부과제척기간이 경과한 피상속인에 대한 증여세는 제외하고, 청구인에게 2004.5.11. 증여분 증여세 OOO결정·고지하였다.

다. 청구인은 2019.2.22. 처분청의 위 증여세 결정이 「국세기본법」 제45 조의2 제2항 제2호의 규정에 의한 후발적 경정청구 사유에 해당한다고 보아 상속세 신고시 포함되었던 쟁점주식을 상속재산가액에서 제외하여 기 신고·납부한 상속세 OOO환급하여 달라는 경정청구를 제기하였으나, 처분청은 2019.5.2. 이를 거부하였다.

라. 청구인은 이에 불복하여 2019.7.12. 이의신청을 거쳐 2019.11.11. 심판청구를 제기하였다.

2. 청구인 주장 및 처분청 의견

가. 청구인 주장

처분청이 쟁점주식을 실소유자에게 귀속하는 명의신탁재산의 증여의제에 따른 증여세 결정을 하였는바, 후발적 경정청구의 요건을 충족하므로 처분청의 이 건 경정청구 거부처분은 취소되어야 한다.

(1) 청구인은 피상속인의 사망으로 인해 상속개시일에 피상속인의 재산에 관한 포괄적 권리의무를 승계하였으므로 상속재산은 상속개시일 기준으로 피상속인이 아닌 상속인의 재산이다. 상속세를 부과하는 과세방법은 유산과세형 또는 취득과세형으로 이는 각 국이 추구하는 목표에 따라 선택되는 것으로 「민법」에서 규정하고 있는 상속의 법률적 효력을 부인하는 것이 아니다. 따라서 상속인의 재산에 해당하는 쟁점주식에 대한 처분청의 명의신탁 증여의제에 따른 증여세 결정은 '소득이나 그 밖의 과세물건의 귀속을 제3자에게 변경시키는 결정 또는 경정이 있을 때'에 해당하므로 「국세기본법」 제45조의2 제2항 제2호의 후발

적 경정청구 사유에 해당하므로 처분청의 경정청구 거부처분은 취소되어야 한다.

(2) 처분청은 피상속인의 명의신탁 증여의제에 따른 증여세가 부과제척기간 경과로 인하여 증여세가 결정되지 아니하였으므로 후발적 경정청구의 요건을 충족하지 못한다는 의견이나, 조세심판원 선결정례(조심 2018중2499, 2019.1.16.)에서는 세무조사를 통해 명의신탁 증여의제로 확인되는 경우 부과제척기간의 경과로 인해 증여세를 과세하지 못한 경우에도 후발적 경정청구 사유에 해당한다고 결정한 바 있다. 따라서 쟁점주식에 대해 부과제척기간 경과로 인해 피상속인에게 증여세를 과세하지 못하였지만 세무조사를 통해 쟁점주식이 명의신탁되었음이 확인되었으므로 이는 피상속인의 재산에 대해 후발적 경정청구 사유가 발생하였다고 할 것이므로 처분청의 경정청구 거부처분은 취소되어야 한다.

## 나. 처분청 의견

상속인인 청구인에 대한 증여세 결정은 상속세의 후발적 경정청구 사유에 해당하지 않으므로 경정청구를 거부한 당초 처분은 정당하다.

(1) 상속세의 과세방식 중 유산세 과세방식은 피상속인의 유산 자체를 대상으로 과세하는 것으로, 피상속인이 남긴 유산총액의 이전을 과세물건으로 하여 과세하는 방식이다. 이러한 유산세 과세방식하에서는 피상속인의 유산액에 대한 결정·경정이 존재하여야 후발적 경정청구 사유에 해당한다 할 것이다.

처분청은 피상속인에 대하여 쟁점주식의 명의신탁 증여의제에 따른 증여세를 결정한 적이 없는바, 증여세를 결정·고지하지 아니한 쟁점주식에 대하여 "소득이나 그 밖의 과세물건의 귀속을 제3자에게 변경시키는 결정 또는 경정"이 존재하지 아니하므로 그와 관련하여 납부한 상속세의 후발적 경정청구 사유가 존재하는 것으로 볼 수 없다.

(2) 명의신탁재산의 증여의제는 등기·등록이 필요한 명의신탁재산에 대하여 별도로 명의자로 등기·등록을 한때 명의신탁을 하는 것으로 보는 것이다. 쟁점주식에 대하여 청구인에게 증여세를 과세한 것은 상속으로 인하여 청구인이 쟁점주식을 증여받았기 때문이 아니라 주주명부 등에 청구인 명의로 명의개서를 하고 이로 인해 증여의제로 판단하였기 때문이다.

다시 말해 청구인에게 증여세가 결정·고지된 것은 「민법」상 상속의 효력이 발생하였기 때문이 아니라 별도로 명의개서절차를 이행하였기 때문이다.

3. 심리 및 판단

가. 쟁점

청구인에 대한 명의신탁재산의 증여의제에 따른 증여세 결정이 상속세의 후발적 경정청구 사유에 해당하는 지 여부

나. 관련 법률

- 생략 -

다. 사실관계 및 판단

(1) 피상속인 OOO2004.5.11. 사망하자 배우자인 청구인 등의 상속인들은 2004.11.11. 쟁점주식을 상속재산가액에 포함하여 법정신고기한 이내에 상속세 과세표준신고서를 제출하였고, 2018년 조사청의 조사 당시 상속세 부과제척기간(10년)은 경과하였다.

(2) 처분청은 조사청의 증여세 조사종결보고서 등의 당초 증여세 조사내용에 관한 세부내용은 제시하지 아니하였으나, 이의신청결정서에 기재된 아래의 사실관계에 대해서는 다툼은 없다.

한편 청구인은 위 증여세 과세처분에 대해 별도의 불복절차를 진행하지 아니하고 증여세 OOO납부하였다고 소명하였다.

(3) 청구인은 조사청의 조사에 따라 청구인에게 명의신탁재산의 증여의제에 대한 증여세를 결정한 것이 「국세기본법」 제45조의2 제2항 제2호의 규정에 의한 후발적 경정청구 사유에 해당한다고 보아 2019.2.22. 피상속인의 상속세 신고시 포함되어 있던 쟁점주식을 상속재산가액에서 제외하여 기 신고납부한 상속세 OOO환급해달라는 경정청구를 제기하였으나, 처분청은 2019.5.2. 이를 거부하였다.

(4) 피상속인의 상속개시일 전후(2004.5.11.) 2003·2004사업연도의 OOO 주식등변동상황명세서에 의하면, 쟁점주식은 2003사업연도에는 피상속인의 명의로, 2004년에는 이를 청구인이 상속받은 것으로 하여 이후 청구인의 명의로 보유하고 있는 것으로 나타난다.

(5) 이상의 사실관계 및 관련 법률 등을 종합하여 살피건대, 처분청은 피상속인에 대하여 쟁점주식의 명의신탁 증여의제에 따른 증여세를 결정한 사실이 없으므로 청구인에 대한 증여세 결정은 상속세의 후발적 경정청구 사유에 해당하지 않는다는 의견이나, 조사청은 2000년 이전 OOO쟁점주식을 피상속인에게 명의신탁한 사실을 확인하였음에도 부과제척기간 결과로 인해 증여세를 과세하지 못하였고, 피상속인이 사망하자, OOO청구인에게 명의신탁한 것으로 보아 상속개시일을 기준으로 청구인에게 증여세를 과세하였는바, 이는 조사청이 쟁점주식의 실소유자를 OOO으로 판단한 것이므로 쟁점주식의 귀속이 제3자인 OOO에게로 변경시키는 결정이 있었다 할 것인 점, 상속재산에 포함되어 있는 쟁점주식이 명의신탁주식이라는 결정이 있었던 이상, 피상속인의 상속재산의 과세표준 및 세액의 변동이 생겼다고 보이는 점, 피상속인에게 증여세를 과세하지 못하였던 것은 부과제척기간 제도로 인한 결과일 뿐이고, 처분청도 세무조사를 통해 쟁점주식이 명의신탁주식임을 확인하였다고 인정하면서도 부과제척기간으로 피상속인에 대한 증여세 결정을 못하였다고 하여 달리 판단하는 것은 납세자 권리구제 확대라는 후발적 경정청구제도의 취지에 부합하는 것으로 보이지 아니하는 점, 쟁점주식은 OOO명의신탁한 재산이므로 OOO사망하는 경우 OOO상속재산에 포함되어야 할 것인바, 피상속인의 상속재산에서 제외되지 않는 경우 이중으로 과세되는 것으로 보이는 점 등에 비추어 쟁점주식의 명의신탁에 대한 증여세 결정으로 인해 「국세기본법」 제45조의2 제2항 제2호의 후발적 경정청구 사유가 발생되었다 할 것이므로 처분청에서 청구인의 경정청구를 거부한 당초 처분은 잘못이 있는 것으로 판단된다.

4. 결론

이 건 심판청구는 심리결과 청구주장이 이유 있으므로 「국세기본법」 제81 조 및 제65조 제1항 제3호에 의하여 주문과 같이 결정한다.

### (3) 상속재산으로 보는 퇴직금

#### 1) 의의

❶ 사망퇴직금은 그 근거가 유족에게 직접 지급한다는 사용자와 근로자 사이의 제3자를 위한 계약에 준하므로 사망퇴직금은 민법상 상속재산이 아님.

❷ 그러나 피상속인에게 지급될 <u>퇴직금, 퇴직수당, 공로금, 연금 또는 이와 유사한 것이 피상속인의 사망으로 인하여 지급되는 경우 그 금액은 상속인에게 귀속되므로 상속재산으로 봄.</u>

#### 2) 상속재산으로 보는 퇴직금 등의 범위

❶ 피상속인의 사망으로 지급될 퇴직금·퇴직수당·공로금·연금 또는 기타 이와 유사한 것

❷ 퇴직급여지급규정 등에 의하여 지급받는 금품과 피상속인이 근무하고 있는 사업과 유사한 사업에 있어 피상속인과 같은 지위에 있는 자가 받거나 받을 수 있다고 인정되는 금액을 감안하여 피상속인의 지위·공로 등에 따라 지급되는 금품은 상속재산에 해당함.

### 3) 상속재산에 포함되지 않는 유족 연금 등

다음에 해당하는 경우에는 상속재산으로 보지 아니한다(상증법 §10).

❶ 국민연금법에 따라 지급되는 유족연금 또는 사망으로 인하여 지급되는 반환일시금

❷ 공무원연금법 또는 사립학교교직원연금법에 따라 지급되는 유족연금, 유족연금부가금, 유족연금일시금, 유족일시금 또는 유족보상금

❸ 군인연금법에 따라 지급되는 유족연금, 유족연금부가금, 유족연금일시금, 유족일시금 또는 재해보상금

❹ 산업재해보상보험법에 따라 지급되는 유족보상연금·유족보상일시금·유족특별급여 또는 진폐유족연금

❺ 근로자의 업무상 사망으로 인하여 근로기준법 등을 준용하여 사업자가 그 근로자의 유족에게 지급하는 유족보상금 또는 재해보상금과 그 밖에 이와 유사한 것

❻ 전직대통령예우에 관한 법률 및 별정우체국법에 따라 지급되는 유족연금·유족연금일시금 및 유족일시금(상증령 §6)

### ▣ 주요 예규·판례

◉ 쟁점합의서에 '합의금 및 위로금, 회사단체보험 등'을 포함하여 쟁점합의금을 지급한다고 기재되어 있으므로 쟁점합의금이 상속세및증여세법 제10조에서 규정하고 있는 피상속인에게 지급될 퇴직금, 퇴직수당, 공로금, 연금 등이라고 단정하기 어려운 점 등에 비추어 쟁점합의금은 상속세및증여세법 제10조의 제5호에 해당된다고 판단됨(조심2019서3704, 2020.06.24.)

◉ 공무원연금법 제56조 내지 제61조의 규정에 의하여 지급되는 유족연금·유족연금부가금·유족연금일시금·유족일시금 또는 유족보상금은 상속재산에서 제외함(재산-2007, 2008.07.30)

◉ 피상속인이 근무하던 회사를 보험계약자로, 피상속인을 피보험자로 보험에 가입한 후 피상속인의 사망으로 보험금을 보험회사로부터 수령한 것은 상속재산에 포함되며, 산업재해보상보험법에 따라 지급되는 유족보상연금, 유족보상일시금, 유족특별급여 또는 진폐유족연금에 해당되지 않음(감심2013-68, 2013.05.02)

◉ <u>정관에서 임원의 퇴직금을 주주총회의 결의사항으로 하고 있고 퇴직금 지급에 대한 주주총회의 결의가 없다면 그 퇴직금을 상속재산에 포함할 수 없다</u>(대법2006두3971, 2006.06.29)

◉ 쟁점법인의 정관에 '퇴직한 임원의 퇴직금은 주주총회의 결의로 정한다'라고 규정하고 있고, 쟁점법인의 주주총회에서 전회장인 피상속인의

유지에 따라 상속인들이 퇴직금에 대한 권리를 주장하지 않기로 뜻을 밝힘에 따라 쟁점퇴직금을 지급하지 아니하기로 결의하였는바, 쟁점퇴직금을 청구할 권리가 상속되었다고 보기 어렵다고 판단됨(조심2018서3886, 2019.06.20.)

## 3. 추정상속재산

### (1) 정의

피상속인이 상속개시일 이전에 재산을 처분하거나 채무를 부담한 경우로 일정 요건 충족할 때 상속재산으로 보는 것을 말함

### (2) 요건

❶ 상속개시일 1년 전 : 2억 원 이상의 재산종류별 또는 채무 등으로 용도가 불분명한 경우
❷ 상속개시일 2년 전 : 5억 원 이상의 재산종류별 또는 채무 등으로 용도가 불분명한 경우

### (3) 상속개시 전 처분재산을 상속받은 것으로 추정할 때 재산종류별

❶ 현금 및 예금, 유가증권
❷ 부동산 및 부동산에 관한 권리
❸ 무체재산권, 기타 재산

## (4) 용도가 불분명한 경우

❶ 거래상대방이 거래증빙의 불비 등으로 확인되지 않은 경우

❷ 거래상대방이 금전 등의 수수사실을 부인하거나 거래상대방의 재산상태 등으로 보아 금전 등의 수수사실이 인정되지 않은 경우

❸ 거래상대방이 피상속인과 특수관계에 있는자로써 사회통념상 지출사실 이 인정되지 않는 경우

❹ 피상속인의 재산을 처분하거나 채무를 부담하고 받은 금전 등으로 취득 한 다른 재산이 확인되지 않은 경우

❺ 피상속인의 연령·직업·경력·소득 및 재산상태 등으로 보아 지출 사실이 확인되지 않은 경우

---

✎ **[추정상속재산가액 계산]**

㉾ 상속세 과세가액 = ⓐ용도불분명 금액 - ⓑ기준금액

ⓐ 용도불분명금액 : 처분금액(인출금액 또는 채무부담금액) - 용도 입 증된 금액

ⓑ 기준금액 : Min(처분재산금액 또는 부담채무액 등의 20%, 2억)

**[사례]**

김대전씨가 2023년 7월1일 사망하여 상속이 개시되었을 때 김공주가 상속개시전 처분한 계산자료는 다음과 같다. 상속재산가액에 가산할 금액을 계산하라.

| 구분 | 시기 | 받은금액 | 용도불분명금액 |
|---|---|---|---|
| 토지매각 | 2022.12.05.(1년) | 300,000,000 | 100,000,000 |
| 건물매각 | 2011.12.05.(2년) | 230,000,000 | 100,000,000 |
| 채권매각 | 2022.11.08.(1년) | 200,000,000 | 200,000,000 |

**[풀이]**

▦ [1단계] 재산별 구분

① 부동산 등

  - 1년 내 처분 : 300,000,000(토지 2022.12.05.처분)

  - 2년 내 처분 : 530,000,000(건물 2021.12.05.처분)

② 현금 예금 및 유가증권

  - 1년 내 처분 : 200,000,000(채권 2022.11.08.처분)

▦ [2단계] 추정상속재산가액 여부 확인 및 계산

1. 부동산 등   max(①, ②)

① 1년 내 처분금액 3억 : 2억 이상이므로 OK

 가. 용도불분명 : 100,000,000

 나. 기준금액 : Min(300,000,000×20%=60,000,000 , 200,000,000)

        = 60,000,000

 다. 상속재산가액 = 100,000,000 - 60,000,000

② 2년 내 처분금액 5억3천 : 5억 이상이므로 OK

가. 용도불분명 : 200,000,000

나. 기준금액 : Min(530,000,000*20%, 200,000,000) = 106,000,000

다. 상속재산가액 = 200,000,000 - 106,000,000 = 94,000,000

③ 부동산 등 처분에 의한 추정상속재산가액 :

  Max(①,②) = 94,000,000

2. 현금 등 유가증권

① 1년 내 처분한 금액 2억 : 2억 이상이므로 OK

가. 용도불분명금액 : 200,000,000

나. 기준금액 : Min(200,000,000×20%=40,000,000 , 200,000,000)

           = 40,000,000

다. 추정상속재산가액 = 200,000,000 - 40,000,000 = 160,000,000

② 2년 내 처분한 금액 2억 : 5억 이상 No = 0

③ 유가증권 등 처분에 의한 추정상속재산가액 :

  Max(①,②) = 106,000,000

3. 추정상속재산가액 = 1+ 2

 = 94,000,000 + 106,000,000 = 254,000,000원

📁 **[판례]** 수원고법2020누14423(2021.05.21.) /

대법2021두43187(2021.10.14.)

[제목]  피상속인의 계좌에서 출금된 쟁점 인출액은 추정상속재산에 해당함

[요약]  상속개시 직전 피상속인의 계좌에서 연속으로 출금된 쟁점 인출액에 관하여 그 용도를 객관적으로 입증하지 못하고 있는 이상 추정상속재산에 해당함

[주문]

1. 원고의 청구를 기각한다.

2. 소송비용은 원고가 부담한다.

〈청구취지〉

피고가 2017. 11. 1. 원고에 대하여 한 2011년 귀속 상속세 205,100,375원 (가산세 포함)의 부과처분을 취소한다.

[이유]

1. 처분의 경위

가.  원고의 모친 이CC은 2011. 6. 17. 사망하였는데(이하 이CC을 '망인'이라 한다), 그 자녀인 원고, 김DD, 김EE, 김FF, 김GG와 손자녀인 김○○, 김△△, 김▷▷이 이CC의 재산을 상속하였다.

나.  원고는 2012. 1. 2. 상속세 과세가액을 1,368,811,578원, 산출세액을 200,643,473원으로 하여 상속세 기한 후 신고를 하였다.

다. 피고는 2017. 7. 1.부터 2017. 7. 14.까지 원고에 대한 상속세 세무조사를 실시한 결과 <u>2011. 5. 20.부터 2011. 6. 21.까지 망인의 계좌에서 인출된 386,796,000원(이하 '이 사건 인출금'이라 한다)의 사용처가 소명되지 않는다고 보고</u> 상속세 및 증여세법(이하 '상증세법'이라 한다) 제15조 제1항 제1호, 같은 법 시행령 제11조 제4항 제1호에 따라 이 사건 인출금 중 상속개시일로부터 2년 이내에 <u>망인의 계좌에서 인출된 총 금액의 20%를 초과하는 금액인 251,886,610원을 추정상속재산으로 보아</u> 이를 상속세 과세가액에 포함하고, 그 밖에 원고와 김DD이 망인으로부터 사전증여 받은 금액 합계 약 145,000,000원을 과세가액에 포함하는 한편, 장례비 신고누락분 약 4,000,000원을 과세가액에서 공제하여 2017. 8. 3. 원고에 대하여 예상 고지세액을 615,194,763원(가산세 포함)으로 하는 세무조사 결과를 통지하였다.

라. 피고는 위 세무조사 결과에 따라 2017. 11. 1. 원고에 대하여 2011년 귀속 상속세 615,194,760원(가산세 포함)을 경정·고지하면서 원고의 연대납부의무 한도액을 205,100,375원으로 고지(이하 '이 사건 처분'이라 한다)하였다.

마. 이에 대하여 원고는 2018. 1. 8. 조세심판청구를 하였으나, 조세심판원은 2018. 8. 10. 위 청구를 기각하였다.

2. 이 사건 처분의 적법 여부

가. 원고의 주장 요지

이 사건 인출금은 김EE, 김GG에게 사전증여된 것이거나 그들에게 모두 귀속된 것이므로 추정상속재산에 해당하지 않는다. 따라서 이 사건 인출금이 추정상속재산에 해당함을 전제로 이루어진 이 사건 처분은 위법하고, 피고가 이를 토대로 원고에 대하여 한 연대납부의무 한도액 205,100,375원의 부과처분 역시 위법하여 취소되어야 한다.

나. 관계 법령

별지1 '관계 법령' 기재와 같다.

다. 인정사실

1) 이 사건 인출금은 망인이 사망하기 약 한 달 전부터 ○○군, ○○시, ○○광역시 등지에서 현금으로 출금되었는바, 그 구체적인 내역은 별지2 '인출내역표' 기재와 같다.

2) 위 금원 인출 당시 망인의 상속인들이 거주하고 있던 주소지는 별지3 '상속인들 주소표' 기재와 같다.

3) 상속인들은 망인의 사망 후인 2011. 6. 23.경 상속재산 문제에 관하여 대화를 나누었는데, 그 대화 녹취록(이하 '이 사건 녹취록'이라 한다)에 의하면, 망인의 계좌에 있던 돈이 어디로 갔냐는 김FF의 질문에 대해 김EE이 '나한테 왔다', '내가 빚을 갚는 데 썼다', '상의할 필요 없다. 엄마 돈이니까 내 마음대로 써도 된다'라는 발언을 한 것으로 확인된다.

4) 그 후 원고는 김EE, 김GG가 이 사건 인출금을 무단으로 인출하였다고 주장하며 김EE, 김GG를 횡령죄로 고소하였으나, ○○지방검찰청 ○○

지청은 2013. 6. 24. '김GG의 횡령은 증거 불충분하여 혐의 없거나 친족상도례에 해당하여 공소권이 없고, 김EE에 대한 횡령은 친족상도례에 해당하여 공소권이 없다'는 이유로 불기소처분을 하였다.

라. 판단

1) 상증세법 제15조 제1항 제1호는 '피상속인이 재산을 처분하여 받은 금액이나 피상속인의 재산에서 인출한 금액이 상속개시일 전 1년 이내에 재산 종류별로 계산하여 2억 원 이상인 경우로서 대통령령으로 정하는 바에 따라 용도가 객관적으로 명백하지 아니한 경우'에는 이를 상속받은 것으로 추정하여 제13조에 따른 상속세 과세가액에 산입하도록 정하고 있다. 위 상증세법 제15조 제1항과 상증세법 시행령 제11조 제1항, 제2항은 피상속인이 상속개시일 전에 상속재산을 처분한 경우 그 처분대금이 과세자료의 노출이 쉽지 않은 현금으로 상속인에게 증여 또는 상속됨으로써 상속세의 부당한 경감을 도모할 우려가 있으므로 이를 방지하기 위하여 입증책임을 실질적으로 전환한 규정이다(대법원 1998. 12. 8. 선고 98두3075 판결 등 참조).

2) 위와 같은 법리를 토대로 살펴보건대, 앞서 인정한 사실과 앞서 든 증거 및 갑 8호증의 기재에 변론 전체의 취지를 종합하여 알 수 있는 다음과 같은 사정, 즉 ① 이 사건 인출금이 인출된 인근에는 김GG뿐 아니라 다른 상속인들도 거주하고 있어 김GG가 ○○시에 거주한다는 사실만으로 위 돈을 김GG가 모두 인출한 것이라고 단정할 수는 없는 점, ② 이 사건 녹취록에 의하면, 김EE이 망인의 계좌에 보관된 돈을 인출해서 썼다는 내용의 발언을 한 것으로 나타나기는 하지만, 그 발언 내용과 같이 인출하였다는 돈이 이 사건 인출금을 의미하는지를 구

체적으로 확인할 만한 단서를 찾기 어려운 점, ③ 오히려 망인의 계좌에서는 2011. 4.경부터 2011. 6.경까지 이 사건 인출금 외에도 수억 원에 이르는 금액이 인출된 거래내역이 발견되고, 그 가운데에는 다시 망인의 계좌로 입금되거나 망인의 치료비, 생활비 등으로 사용된 것으로 확인되는 부분 역시 다수 존재하는 점, ④ 원고가 김EE, 김GG를 상대로 횡령죄로 고소한 형사사건의 수사과정에서도 김EE, 김GG가 이 사건 인출금을 무단으로 인출하여 사용하거나 이를 사전증여 받았음을 인정할 만한 객관적인 자료는 발견되지 않은 것으로 보이는 점, ⑤ 이 사건 재판 과정에서 망인의 계좌뿐 아니라 김EE, 김GG 및 김GG의 남편 하○○ 등에 대한 금융거래정보에 관하여 광범위한 조회가 이루어졌지만, 이 사건 인출금이 김EE 또는 김GG에게 실질적으로 귀속되었다고 볼 만한 거래내역은 발견되지 않은 점 등에 비추어 보면, 앞서 인정한 사실과 앞서 든 증거 및 갑9 내지 16호증의 각 기재, 증인 하○○의 증언만으로는 이 사건 인출금이 김EE, 김GG에게 사전증여 되었다거나 그들에게 귀속된 것임을 인정하기에 부족하고, 달리 이를 인정할만한 증거가 없다.

3) 결국 이 사건 인출금은 그 용도가 객관적으로 명백하지 아니한 경우에 해당한다고 봄이 타당하므로, 이를 상속받은 것으로 추정하여 상속세 과세가액에 산입한 이사건 처분은 적법하고, 이와 다른 전제에 선 원고의 주장은 이유 없다.

3. 결론

그렇다면, 원고의 이 사건 청구는 이유 없으므로 이를 기각하기로 하여 주문과 같이 판결한다.

## 4. 비과세 상속재산

### (1) 개요

○ 상속세 비과세는 상속세를 부과하기 적당하지 않은 재산이거나 공익목적 등을 달성하기 위하여 상속세를 과세하지 않은 항목에 관하여 규정한 것을 말함.

### (2) 상속세 비과세 규정

❶ 전사자 등에 대한 상속세 비과세

❷ 국가 등에 유증·사인증여한 재산

❸ 문화재구역 안의 토지

❹ 분묘(선조 묘소)에 속한 9,900㎡ 이내 금양임야와 그 분묘에 속한 1,980㎡ 이내의 묘토인 농지로 그 합계액이 2억 원 이내

❺ 정당에 유증한 재산

❻ 사내근로복지기금 등 유사한 단체에 유증 등을 한 재산

❼ 사회통념상 인정되는 이재구호금품, 치료비 등을 위하여 유증 등을 한 재산

❽ 상속재산 중 상속인이 상속세 신고기한 내 국가 등에 증여한 재산

## ▣ 주요 예규·판례

☻ 지정문화재를 보유하고 있는 비상장주식을 상속받은 경우 그 비상장주식 평가방법(재재산46014-105, 1999.03.26.)

☻ 상속세가 비과세되는 금양임야 및 묘토의 범위(서면4팀-355, 2005.03.09.) 피상속인이 제사를 주재하고 있던 선조의 분묘가 여러필지에 있는 경우에도 제사를 주재하는 상속인이 승계한 합계면적을 기준으로 비과세하는 것이며, 이 경우 "금양임야"는 지목에 관계없이 피상속인의 선조의 분묘에 속하여 있는 임야를 말하는 것이며, "묘토인 농지"는 피상속인이 제사를 주재하고 있던 선조의 분묘와 인접거리에 있는 것으로서 상속개시일 현재 묘제용 재원으로 실제 사용하는 농지를 말하는 것임.

☻ 가족의 범위에 속하지 아니하는 외손이 승계받은 금양임야는 상속세가 비과세되지 아니함(서일46014-10345, 2001.10.23.)

☻ 어떤 토지가 금양임야 또는 묘토로서 상속세 비과세 대상이 되기 위해서는 그 토지가 금양임야 또는 묘토로 이용되는 사실 및 그 토지가 제사의 주재자인 상속인의 소유로 된 사실을 모두 증명해야 함(서울고법 2013누47582, 2014.06.10.)

☻ 종손이 아닌 종원으로서 따로 있는 종산에서 시제를 지내며, 당해 임야에는 조상의 묘 1기만 있으므로 상속세 비과세되는 '금양임야'에 해당안된다는 사례(대법98두14402, 1999 01.26)

- 금양임야에 연접한 농지(과수원)로서 해당 농지의 경작으로 얻은 수확으로 제사를 주재하거나 조상묘를 관리하는 비용에 충당하였다면 비과세 상속재산이 묘토로 봄이 타당하다는 사례(조심2008중4113, 2009.04.16)

- 금양임야는 지목에 관계없이 피상속인의 선조의 분묘에 속하여 있는 임야를 말하는 것임(서면 4팀-2280, 2005.11.23)

- 해당 금양임야를 승계하는 제사주재자를 공동상속인들의 협의에 따라 피상속인의 배우자로 정하고 해당 금양임야를 승계하는 경우 비과세가 적용됨(서면법령재산-5160, 2016.12.30.)

- 피상속인의 유증 등에 의하지 않고 상속인이 상속재산을 사내근로복지기금에 출연하는 경우 상속세 과세됨(재산상속46014-1256, 2000.10.19)

- 피상속인이 사망전에 설립전 우리사주조합에 기증할 것을 조건으로 법인에게 사망직전에 주식을 증여하고 상속기한 내에 우리사주조합을 설립하여 기부한 경우에는 비과세되는 상속재산에 해당함(재재산-1136, 2008.12.31.)

- 서울특별시교육청에 증여한 재산은 비과세대상임(서면 4팀-1523, 2006.05.30)

- 상속받은 재산이 수용되어 그 수용보상금중 일부를 상속인이 신고기한 이내에 국·공립학교에 증여한 경우 상속세 비과세됨(재산-1654, 2008.07.15.)

## 5. 상속세 과세가액 불산입

### (1) 개요

#### 1) 과세가액 불산입 목적
○ 상속세 과세가액 불산입은 상속세 과세대상이지만 사회정책적 목적을 달성하기 위해 일정 요건 충족할 경우 상속세 과세가액으로 산입하지 않은 것을 말함.

#### 2) 과세가액과 비과세와의 차이

○ 상속세비과세 대상은 원칙적으로 납세의무를 배제하지만, 상속세과세가액불산입은 상속세 과세하지 않되 사후관리 통해 과세권자가 과세권을 행사가 가능함. 따라서, 상속세과세가액불산입은 사후관리에 유의하여야 함.

### (2) 상속세 과세가액불산입 규정

❶ 공익법인 등의 출연재산에 대한 과세가액불산입

---

**※ 공익법인 범위(상증세법 시행령 제12조)**

1. 종교의 보급 기타 교화에 현저히 기여하는 사업
2. 「초·중등교육법」 및 「고등교육법」에 의한 학교, 「유아교육법」에 따른 유치원을 설립·경영하는 사업
3. 「사회복지사업법」의 규정에 의한 사회복지법인이 운영하는 사업
4. 「의료법」에 따른 의료법인이 운영하는 사업

---

5. 「법인세법」 제24조 제2항 제1호에 해당하는 기부금을 받는 자가 해당 기부금으로 운영하는 사업

6. 「법인세법 시행령」 제39조 제1항 제1호 각 목에 따른 공익법인등 및 「소득세법 시행령」제80조 제1항 제5호에 따른 공익단체가 운영하는 고유목적사업. 다만, 회원의 친목 또는 이익을 증진시키거나 영리를 목적으로 대가를 수수하는 등 공익성이 있다고 보기 어려운 고유목적사업은 제외

7. 「법인세법 시행령」 제39조 제1항 제2호 다목에 해당하는 기부금을 받는 자가 해당 기부금으로 운영하는 사업. 다만, 회원의 친목 또는 이익을 증진시키거나 영리를 목적으로 대가를 수수하는 등 공익성이 있다고 보기 어려운 고유목적사업은 제외

❷ 공익신탁재산에 대한 상속세과세가액불산입
- 공익신탁요건
  ⓐ 공익신탁의 수익자가 공익법인이거나 그 공익법인의 수혜자일 것
  ⓑ 공익신탁의 중도해지 또는 종료시 잔여신탁재산이 국가 등에 귀속될 것

## 6. 상속재산의 가액에서 빼는 공과금 등

### (1) 개요

#### 1) 의의

○ 거주자 사망으로 인하여 상속이 개시되는 경우 상속개시일 현재 피상속인이나 상속재산에 관련된 다음의 내용을 상속재산의 가액에서 차감함.

2) 종류

❶ 공과금

❷ 장례비용

❸ 채무

## (2) 공과금

○ 상속개시일 현재 피상속인이 납부할 의무가 있는 조세, 공공요금, 기타 이와 유사한 것을 말함.

## (3) 장례비용

1) 정의

○ 피상속인의 사망일부터 장례일까지 장례에 직접 소요된 금액으로 일반 장례비용과 봉안시설 등 소요비용을 합한 금액을 공제함.

2) **일반장례비용** = 500만원~1,000만원

❶ 500만원 미만 장례비용 = 500만원

❷ 1,000만원 초과 장례비용 = 1,000만원

3) 봉안시설 등 소요비용 : 봉안시설 또는 자연장지의 사용에 소요된 금액으로 최대 500만 원 공제 가능.

## (4) 채무

### 1) 정의

○ 피상속인이 실제 부담하는 사실이 입증된 모든 부채(공과금 제외)

### 2) 제외되는 채무

❶ 상속개시일 전 10년 이내 상속인에게 진 증여채무
❷ 상속개시일 전 5년 이내 상속인 외의 자에게 진 증여채무

> ✎ **[용어정리]**
> ♻ 증여채무 : 증여계약에 따라 약정한 재산권을 수증자에게 이전할 채무 부담.
> ♻ 중요요건 : 피상속인이 국가 등 외의 부담한 채무는 상속인이 변제할 의무가 없을 때는 상속세과세가액에 산입(차감하지 아니함)

## 7. 증여재산가액의 상속세 과세가액 산입(사전증여재산)

## (1) 개요

○ 사전증여재산은 증여를 통한 상속세를 회피를 방지하기 위하여 상속개시일로부터 10년 및 5년 이내 발생한 증여재산가액을 상속재산가액에 합산하도록 하는 것을 말함.

## (2) 사전증여재산 합산기간

❶ 상속개시일 전 10년 이내 피상속인이 상속인에게 증여한 재산가액
❷ 상소개시일 전 5년 이내 피상속인이 상속인이 아닌 자에게 증여한 재산가액

## (3) 합산하지 않은 사전증여재산

❶ 비과세되는 증여재산
❷ 증여세과세가액 불산입에 해당하는 것
❸ 합산배제증여재산(재산취득후 증가되는 가치, 주식 상장에 따른 이익, 명의신탁재산의 의제, 특수관계법인 간의 거래를 통한 이익 증여 의제 등)

## (4) 창업자금 가업승계자산의 합산과세여부

○ 피상속인이 자녀에게 창업자금으로 증여한 재산가액 및 가업승계주식 등은 상속세 과세가액에 합산함.

## 제4절 | 상속세 과세표준 1

> **상속세 과세가액**
> - 상속공제액(인적공제 + 물적공제)
> - 감정평가수수료
> = 상속세 과세표준

## 1. 상속세 과세표준

### (1) 거주자와 비거주자 상속세 과세표준 산정 방식

| 구분 | 거주자 | 비거주자 |
|------|--------|----------|
| 상속세과세가액 | 국내 및 국외 | 국내 |
| 상속공제 | 인적 + 물적 공제 | 기초공제 2억 |
| 기타수수료 | 감정평가수수료 | 감정평가수수료 |
| 과세표준 | 상속세 과세표준 | 상속세 과세표준 |

### (2) 과세최저한

○ 상속세 과세표준 50만 원 미만인 경우 상속 부과하지 않음.

## 2. 상속공제

### (1) 상속공제 취지

○ 피상속인의 사망으로 인한 경제적 충격을 고려하여 상속세 부담을 완화함으로써 상속인의 생활안정 및 생활기초를 유지시키기 위한 제도.

### (2) 상속공제 구분

❶ 상속공제 : 인적공제와 물적공제로 구분

❷ 인적공제

① 기초공제 : 2억 원(기본적으로 공제하는 제도)
② 자녀공제
③ 미성년자공제
④ 연로자공제
⑤ 장애인공제
※ 일괄공제 제도 있음.
☞ 일괄공제 = 기초공제 2억원 + 인적공제 ≤ 5억원 = 5억원 공제

❸ 물적공제

① 가업상속공제
② 영농상속공제
③ 금융상속공제

④ 재해손실공제

⑤ 동거주택상속공제

## 3. 인적공제

### (1) 기초공제

#### 1) 정의

○ 상속인이 생활을 안정적으로 할 수 있도록 하기 위하여 상속재산 중에서 최소한의 상속재산은 과세에서 제외하도로 하기 위한 제도임.

#### 2) 신청여부

○ 별도의 신청을 요하지 않음.

#### 3) 비거주자 적용 여부

○ 거주자 및 비거주자 모두 기초공제 적용함.

### (2) 배우자상속공제

#### 1) 배우자 범위

○ 민법상 혼인으로 인정되는 혼인관계(사실혼 제외)

## 2) 배우자 상속공제

❶ 최소공제 : 5억 원

☞ 배우자가 상속받은 재산이 없거나 5억 원 미만인 경우(상속포기 포함)에도 5억 원 공제

❷ 실제 상속받은 금액으로 배우자 상속공제액을 계산하는 경우

가. 원칙 : 배우자가 실제 상속받은 금액을 공제. 단, 한도 있음.

① 실제 상속받은 금액

○ 정의 : 상속개시일 현재 피상속인의 사망을 원인으로 배우자가 상속받은 재산을 말함.

○ 실제 상속받은 금액 계산

배우자의 총상속재산가액(추정상속, 사전증여, 분할기간의 미분할 재산 제외)
- 배우자가 승계하기로 한 채무 및 공과금
- 배우자가 상속받은 비과세 재산가액 등
- 배우자가 상속받는 재산 중 공익법인 출연으로 과세가액 불산입액
= 배우자가 실제 상속받은 금액

나. 배우자 공제 한도액(min(ⓐ,ⓑ))
ⓐ (상속재산의 가액(기준금액)[1] × 배우자 법정상속지분[2]) - 배우자에게 증여한 재산에 대한 과세표준

ⓑ 30억원

[＊1] 상속재산의 가액(기준금액)

① 계산

> 총상속재산가액(본래의 상속재산 + 간주상속재산 + 추정상속재산)
> + 가산하는 증여재산 중 상속인에게 증여한 재산(사전증여재산)
> - 상속인 외 수유자가 유증 등을 받은 재산가액
> - 공과금 및 채무(장례비는 아님)
> - 비과세 및 불산입 상속재산가액
> ──────────────────────────────
> = 상속재산의 가액(기준금액)

② 속성계산법

○ 기준금액 = 상속세 과세가액 - 상속인 외 사전증여재산 및 유증재산
   + 장례비용

[＊2] 배우자 법정상속지분

○ 정의 : 피상속인(돌아가신 분)이 공동상속인의 상속분을 지정하지 아
   니할 때 민법 규정에 따라 상속분이 결정되는 것.

○ 상속인 중 피상속인의 배우자가 있는 경우(배우자 법정상속지분) : 피
   상속인의 배우자의 상속분은 직계비속과 공동으로 상속할 때 직계비
   속의 상속분의 5할(50%) 가산하고, 직계존속과 공동으로 상속하는 때

에 직계존속 상속분의 5할(50%) 가산

---

**계산공식 정리**

♻ 배우자 공제액 = max(①,②)

① 최소공제 : 5억원

② 배우자상속공제 = min(ⓐ,ⓑ,ⓒ)

　ⓐ 배우자가 실제 상속받은 재산

　ⓑ (상속재산의 가액(기준금액) × 배우자 법정상속지분) - 배우자에게
　　증여한 재산에 대한 과세표준

　ⓒ 30억원

---

## 3) 상속재산 분할신고

❶ 원칙 : 상속세 과세표준 신고기한의 다음날부터 6개월이 되는 날

❷ 예외 : 상속재산 분할신고 기한의 다음날부터 6개월이 되는 날

❸ 예외 사유

① 상속인 등이 상속재산에 대하여 상속회복 청구의 소를 제기하거나 상
속재산의 분할의 심판을 청구한 경우

② 상속인이 확정되지 아니하는 부득이한 사유 등으로 배우자 상속분을
분할하지 못하는 사실을 관할 세무서장이 인정하는 경우

▣ **기한후 신고시 배우자 상속공제 적용 여부(서면4팀-1252, 2005.7.19).**

○ 배우자 상속공제액은 배우자상속재산분할기한까지 배우자의 상속재산을 분할(등기·등록·명의개서 등을 요하는 재산의 경우에는 그 등기·등록·명의개서 등이 된 것에 한함)한 경우에만 5억 원을 초과하여 공제받을 수 있음.

○ 그러므로 상속세 법정 신고기한까지 상속세 과세표준 및 세액을 신고하지 아니한 경우에도 배우자상속재산분할기한까지 배우자가 실제 상속받은 재산에 대하여 배우자 명의로 등기 등을 한 경우에는 국세기본법에 의한 기한후 신고를 통하여 상속세 과세표준과 세액을 신고하는 경우에도 그 재산은 배우자가 실제 상속받은 재산으로 보아 배우자 상속공제를 적용받을 수 있음.

▣ **주요 예규·판례**

✪ 양도계약을 체결하고 매매대금이 지급되지 않은 상태에서 사망한 경우 상속개시시점에는 부동산의 양도가 완성되지 아니한 상태이므로 부동산 자체가 상속재산일 뿐 매매대금지급청구 채권이 상속재산이 되는 것이 아니므로 배우자상속재산분할기한까지 배우자 명의로 등기 경료하지 않았으므로 배우자상속공제 대상 안됨(서울행법 2009구합41479, 2010.10.20.)

✪ 사전증여재산 및 추정상속재산을 배우자가 실제로 상속받지 않은 재산으로 보아 배우자상속공제 적용대상에서 배제한 이 건 처분은 잘못이 없음(조심 2019서1884, 2019.9.10.)

❹ 배우자 상속공제 적용시 단순한 법정상속분에 따른 소유권이전등기만으로는 부족하고, 추후 별도의 협의분할 등에 의한 배우자의 실제 상속받은 금액의 변동이 없도록'상속재산을 분할(등기를 요하는 경우 분할등기까지 경료)하여 배우자상속재산분할기한까지 배우자의 상속재산'을 신고한 경우에 한하여 적용되는 것이라고 보는 것이 타당함 (대법 2018다219451, 2018.5.15.)

❹ 배우자가 상속받은 재산에 대하여 요건을 갖춘 경우 배우자 상속공제와 가업상속공제·영농상속공제를 중복적용받을 수 있음(기획재정부 재산세제과-254, 2018.3.22.; 법령해석재산-21753, 2018.5.29.)

❹ 상속포기한 자도 배우자 상속공제 등 상속공제 가능하나 한도 적용됨 (재삼 46014-2622, 1997.11.6.)

❹ 가정법원의 이혼조정이 성립된 후 그 당일날 피상속인이 사망하여 상속개시 되는 경우 상속개시 당시 배우자의 지위를 상실한 상태이므로 배우자상속공제 불가하며, 사전증여재산 상속세 과세가액 합산 기간은 5년을 적용하고, 이혼시 재산분할청구권에 의하여 분할한 재산은 증여재산이 아니므로 상속세 과세가액에 합산하지 아니함(법규재산 2013-228, 2013.9.11.)

## (3) 그 밖의 인적공제

### 1) 의의

○ 배우자 이외의 상속인 가족 구성원의 경제적 생활기반을 확보하기 위한 제도임.

### 2) 공제 대상

○ 거주자의 사망으로 상속이 개시되는 경우 다음의 어느 하나에 해당할 때 해당 금액을 상속세 과세가액에서 공제함.

❶ 자녀

❷ 미성년자 : 배우자를 제외한 상속인 및 동거가족(직계존비속 및 배우자 직계존비속, 형제자매) 중 미성년자

☞ 동거가족 : 상속인은 동거 여부와 무관하나 상속인 이외의 미성년자(손자·손녀)와 형제자매는 동거가족에 해당하여야 미성년자 공제대상이 됨.

❸ 연로자 : 배우자를 제외한 상속인 및 동거가족 중 65세 이상

❹ 장애인 : 상속인 및 동거가족 중 장애인

| 기타공제 | 공제대상자 | 공제액 |
|---|---|---|
| 자녀공제 | 자녀 | 1명당 5,000만원 |
| 미성년자공제 | 상속인 및 동거가족 중 미성년 | 1인당 1,000만원 × 19세까지 연수 |
| 연로자 | 상속인 및 동거가족 중 65세 이상인 자 | 1인당 5,000만원 |
| 장애인 | 상속인 및 동거가족 중 장애인 | 1인당 1,000만원 × 기대여명 연수 |

## (가) 자녀공제

❶ 공제액 : 1명당 5천만 원

❷ 적용요건

ⓐ 거주자의 사망으로 상속이 개시되는 경우에만 적용

ⓑ 피상속인과 동거여부 및 연령과는 무관하나 상속개시일 현재 생존하여야 함.

ⓒ 자녀는 친생자를 말함.(양친자관계에 있는 법률상의 자녀 포함)

ⓓ 태아는 자녀공제 및 미성년자 공제 대상이 되지 않음.

ⓔ 대습상속인의 경우에는 자녀공제의 대상이 되지 않음.

☞ 대습상속 : 상속인의 사망 또는 결격사유로 인하여 상속인을 대신하여 상속인의 직계비속이 상속인의 지위로 대위(대신)하는 경우.

❸ 특성

• 자녀의 사실이 확인될 때 별도 신고 및 신청이 없어도 공제함.

• 자녀가 상속포기하여도 적용함.

- 자녀공제와 미성년자공제, 장애인공제는 중복적용이 가능함.
- 자녀공제와 연로자공제는 중복하여 공제할 수 없음.

**[예제]**

상속인 A(50세)는 상속개시 중 사망하여 A의 자녀인 B(18세, 피상속인이 부양함)가 대습상속하였다. 위의 경우 인적공제의 합은? 단, 대습상속의 경우 피상속인이 실제 부양한 경우 미성년자공제는 가능하다.

풀이)

ⓐ 자녀공제 : 5,000만원 × 2명 = 1억원

ⓑ 미성년자공제 = 1,000만원 × (19세-18세) × 1명 = 1,000만원

ⓒ 연로자공제 = 자녀공제 적용 = 0

→ 총 인적공제 = 1억1천만 원

## (나) 미성년자 공제

❶ 의의 : 배우자를 제외한 상속인 및 상속개시 당시 피상속인과 동거하던 가족 중 20세 미만인 자에 대하여 공제하는 것을 말함.

❷ 동거가족 범위 : 상속개시일 현재 피상속인이 사실상 부양하고 있는 직계존비속(배우자 직계존비속 포함) 및 형제자매

❸ 공제액 : 1명당 1,000만 원 × (19세-현재 나이)
   ※ 연수계산시 발생하는 1년 미만은 1년으로 함.

**[예제]**

대전 중구에 거주하는 김우송씨는 23년 9월 1일에 사망함에 따라 상속이 개시되었다.

상속개시일 현재 상속인은 자녀 A이며 18년 8월 25일 출생하였다. 상속세 과세가액에서 공제하는 미성년자 공제액은?

풀이)

ⓐ 23년 9월 1일 기준으로 5년 7일이 지남.

ⓑ 19세 - 5년 7일 = 13년 + 358일 = 1년 미만은 1년 → 14년

ⓒ 1,000 × 14년 × 1명 = 1억 4천만원

❹ 특성

• 상속인인 미성년자가 상속을 포기하여도 적용함.

• 상속인이 될 자가 상속개시 전 사망 또는 결격 등의 사유로 대습상속 되는 경우 피상속인이 대습상속인(상속인의 직계비속)을 사실상 부양하고 있었다면 그 대습상속인에 대하여 미성년자공제는 받을 수 있으나 자녀공제는 받을 수 없음.

• 미성년자공제는 자녀공제와 장애인공제와 중복적용 가능

**(다) 연로자 공제**

❶ 요건 : 상속개시일 현재 상속인 및 동거가족 중 65세 이상인 자

❷ 공제액 : 1명당 5천만 원

❸ 특성
- 연로자공제와 장애인공제 중복적용 가능
- 배우자공제 및 자녀공제와는 중복적용 불가

## (라) 장애인 공제

❶ 요건 : 상속개시일 현재 상속인 및 동거가족 중 장애인

❷ 공제액 : 기대여명 × 1,000만 원

※ 기대여명 : 어느 연령에 도달한 사람이 그 이후 몇 년 동안이나 생존할 수 있는가를 계산한 평균 생존연수(현재 통계청 발표, 한국 : 83.6세)

❸ 특성
- 연수 계산할 때 1년 미만은 1년으로 함.
- 배우자공제 등 모든 인적공제와 중복적용이 가능함.

**[예제]**

대전 중구에 거주하는 김우송씨(75세)는 23년 9월 1일에 사망함에 따라 상속이 개시되었다. 상속개시일 현재 상속인은 자녀 A(40세 0개월)이며 장애인으로 등록되었다. 상속세과세가액에서 공제하는 장애인공제금액은 얼마인가?

풀이)

ⓐ 현재 기대수명 : 83.6세

ⓑ A의 기대여명 : 83.6세 - 40세 = 43.6 → 1년미만은 1년 = 44

ⓒ 44 × 1,000 = 4억 4천만 원

(마) 그 밖의 인적공제 중복 적용 여부 요약

| 중복공제 가능 | 중복공제 불가 |
| --- | --- |
| ⓐ 자녀공제·미성년자공제<br>ⓑ 장애인공제·배우자공제·자녀공제·<br>　미성년자공제·연로자공제 | ⓐ 배우자공제와 미성년자공제·연로자공제<br>ⓑ 자녀공제와 연로자공제 |

## 4. 일괄공제

### (1) 제도의 취지

❶ 거주자의 사망으로 상속이 개시되는 경우 일정 금액까지 일괄적으로 공제해주는 간편한 제도로 중산층의 상속세에 대한 불안감을 덜어 주고자 하는 취지에서 도입된 제도임.

❷ 기초공제와 기타 인적공제의 합과 일괄공제 5억 원 중 큰 금액을 선택

### (2) 특성

❶ 상속세를 신고하지 않을 때 일괄공제 5억 원을 적용함.

❷ 배우자 단독 상속의 경우 일괄공제를 적용할 수 없음.

❸ 단, 배우자 단독 상속이 공동상속인의 상속포기 또는 협의분할에 따라 배우자 혼자 상속을 받는 경우에는 5억 원 공제가 가능함.

✐ **[배우자가 단독 상속의 경우]**

♧ 원칙 : 기초공제액 + 그 밖의 인적공제로 상속공제함.

♧ 예외 : 공동상속인의 상속포기 또는 협의분할의 경우 일괄공제 선택 가능.

---

▣ **주요 예규·판례**

♧ 장애인공제액 계산 시 적용할 기대여명은 상속개시일 현재 통계청장이 승인하여 고시하는 통계표에 따른 성별, 연령별 기대여명의 연수를 말하며, 1년 미만의 기간은 1년으로 함(상속증여-3828, 2018.5.18)

♧ 상속개시일 현재 피상속인의 손자를 동거가족으로서 실질적으로 피상속인이 부양한 경우, 미성년자 및 장애자 공제됨(심사상속99-178, 1999.7.9)

♧ 부모가 부양 능력있는 피상속인의 손자는 미성년자 공제대상 아님(재삼 46014-717, 1996.3.19)

## 제5절 상속세 과세표준 2

상속세 과세가액
- 상속공제액(인적공제 + **물적공제**)
- **감정평가수수료**
_____
= 상속세 과세표준

## 1. 물적공제

### (1) 의의

#### 1) 정의

○ 거주자의 사망으로 상속이 개시되는 경우 일정요건 충족시 상속세 과세가액에서 공제하는 것을 말하는 것으로 사회 정책적 목적 및 사회보장제도를 지원하는데 있음.

cf. 인적공제 취지 : 상속인의 최소한의 경제적 생활기반을 마련하는데 있음.

#### 2) '물적공제' 종류

❶ 가업상속공제
❷ 영농상속공제
❸ 금융재산 상속공제

❹ 재해손실공제

❺ 동거주택 상속공제

## 2. 가업상속공제

### (1) 의의

○ 거주자 상속 개시될 때 피상속인의 가업이 후손에게 이어질 수 있도록 상속세 과세가액에서 공제해주는 제도를 말함.

### (2) 취지

○ 중소기업의 우대 정책으로 원활한 가업승계를 지원하여 고용창출과 경쟁력을 유지되도록 하는데 목적을 둠.

### (3) 요건

○ 가업요건, 피상속인의 요건, 상속인의 요건, 납부능력을 모두 충족되어야 함.

#### 1) 가업요건

❶ 피상속인이 10년 이상 계속하여 경영한 개인 및 법인기업
❷ 조세특례제한법상 중소기업으로서 자산총액이 5천억 원 미만인 기업
❸ 조세특례제한법상 중견기업으로서 상속이 개시되는 사업연도의 직전 3

개 사업연도의 매출액이 평균 5천억 원 미만인 기업

## 2) 피상속인의 요건

❶ 일정기간 최대주주 또는 최대출자자일 것(다음의 요건 모두 충족)
- 피상속인과 그의 특수관계인의 주식 등을 합한 것이 해당 기업의 발행 주식 총수 50%(상장법인은 30%) 이상일 것
- 주식 보유 기간이 10년 이상일 것

❷ 일정기간 대표이사로 가업에 종사할 것. 일정기간은 다음의 요건 중 어느 하나의 기간을 말함.
ⓐ 50% 이상 기간 종사
ⓑ 상속개시일부터 소급하여 10년 중 5년 이상의 기간
ⓒ 상속인이 피상속인의 대표이사 등의 직을 승계한 경우 : 승계한 날부터 상속개시일까지의 기간이 10년 이상. 만약, 2인 이상의 상속인일 경우 대표이사 중 1명에 대해서만 적용함.

## 3) 상속인의 요건

○ <u>상속인은 다음의 요건을 모두 갖춘 경우 가업상속공제를 적용하나, 상속인의 배우자가 해당 요건을 모두 갖출 때에는 상속인이 그 요건을 갖춘 것</u>으로 봄.

❶ 상속개시일 현재 18세 이상일 것
❷ 상속개시일 전에 2년 이상 계속하여 직접 가업에 종사한 상속인일 것. 단, 피상속인이 65세 이전이거나 천재지변 또는 인재 등의 원인으로 사

망한 경우를 제외하고 상속개시일부터 2년을 소급한 기간 중 다음의 기간이 있을 때에는 가업에 종사한 것으로 본다.

ⓐ 병역의무 이행

ⓑ 질병의 요양

ⓒ 취학상 형편에 따른 사유로 가업에 종사하지 못한 경우

❸ 상속세과세표준 신고기한까지 임원으로 취임하고, <u>상속세 신고기한부터 2년 이내에 대표이사 등으로 취임할 것</u>

## 4) 세금납부능력 요건(가업상속공제 배제요건임)

❶ 가업이 중견기업인 경우만 적용함.

❷ 가업상속 외 상속재산의 가액이 가업상속공제를 배제한 채 계산한 상속세의 2배 초과한 경우 = 가업상속공제를 배제함.

## (4) 가업상속공제 금액 = min(①,②)

❶ 가업상속재산

❷ 한도

| 피상속인의 계속 경영기간 | 공제 한도액 |
|---|---|
| 10년 이상 20년 미만 | 300억원 |
| 20년 이상 30년 미만 | 400억원 |
| 30년 이상 | 600억원 |

## (5) 가업상속재산 범위

❶ 소득세법 적용받는 기업 : 가업에 사용하는 토지, 건축물, 기계장치 등 사업용고정자산에서 해당 자산의 담보된 채무액을 차감한 가액

❷ 법인세법 적용받는 기업 : 법인의 주식 등 중 상속개시일 현재 다음 중 어느 하나에 해당하는 자산(사업무관자산)을 제외한 자산가액이 그 법인의 총자산가액에서 차지하는 비율을 곱하여 계산한 금액

ⓐ 업무무관자산

ⓑ 비사업용토지 및 타인에게 임대하고 있는 부동산

ⓒ 대여금 : 금전소비대차 계약에 의하여 타인에게 대여한 금액

ⓓ 과다보유현금 : 상속개시일 직전 5개 사업연도 평균 현금보유액의 1.5배 초과

ⓔ 영업활동과 무관한 주식, 채권 및 금융상품

$$\text{법인 재산가액} = \text{주식가액} \times \frac{\text{법인의 총자산가액} - \text{사업무관자산}}{\text{법인의 총자산가액}}$$

## (6) 사후관리

### 1) 사후관리 기간

○ 상속개시일부터 5년 이내[3] 정당한 사유없이 자산의 처분, 지분감소, 고용감소 등 사후관리 요건에 해당하게 되면 상속세를 추징함.

---

3) 2022.12.31. 이전에는 7년 이내

## 2) 사후관리

❶ 가업용 자산 사후관리 : 다음의 어느 하나에 해당하게 된 경우

ⓐ 해당 가업용 자산의 40%(상속개시일부터 5년 이내는 10%) 이상을 처분한 경우

ⓑ 해당 상속인이 가업에 종사하지 아니하게 된 경우

ⓒ 주식 등을 상속받은 상속인의 지분이 감소한 경우. 단, 상속인의 지위가 최대주주나 최대출자자라는 전제하에 물납으로 인한 지분 감소는 제외.

❷ 고용인원 사후관리 1. : 다음의 요건을 모두 충족하게 된 경우

ⓐ 정규직 근로자 수 평균이 상속 개시된 사업연도의 직전 2개 사업연도의 정규직 근로자 수의 80% 미달한 경우

ⓑ 총급여액이 상속 개시된 사업연도의 직전 2개 사업연도의 총급여액의 80% 미달한 경우

❸ 고용인원 사후관리 2. : 다음의 요건을 모두 충족하게 된 경우

ⓐ 상속이 개시된 사업연도 말부터 7년간 정규직 근로자 수의 전체 평균이 기준고용인원에 미달한 경우

ⓑ 상속이 개시된 사업연도 말부터 7년간 총급여액의 전체 평균이 기준총급여액에 미달하는 경우

> ✎ **[용어 정의]**
>
> ✪ 기준 고용인원[4]: 상속이 개시된 직전 2개 사업연도의 정규직 근로자 수의 평균
>
> ✪ 기준 총급여액 : 상속이 개시된 직전 2개 사업연도의 총급여액의 평균

---

4) 상속세 및 증여세법 제18조 6항 라목

❹ 조세포탈 및 회계부정 : 피상속인 또는 상속인이 가업의 경영과 관련하여 상속개시일 전 10년 이내 또는 상속개시일로부터 5년 이내 기간 중 조세포탈 또는 회계부정행위(분식회계)로 인하여 징역형 또는 벌금형을 선고받고 확정된 경우 가업상속공제를 적용하지 않음.(적용한 경우 추징)

## 3. 영농상속공제

### (1) 의의

○ 피상속인은 8년 전 상속인은 상속개시 2년 전부터 영농(양축, 영어(營漁) 및 영림(營林) 포함)에 종사한 경우 영농상속재산을 받을 때 30억원 한도로 공제해주는 제도를 말함.

### (2) 공제요건

영농상속재산가액과 피상속인 및 상속인이 해당 요건을 모두 갖춘 경우에 적용

### 1) 영농상속재산

❶ 소득세법을 적용받는 영농 : 각종 법(예를 들면, 농지법에 다른 농지, 초지법에 따른 초지조성허가를 받은 초지, 어선법에 따른 어선 등)에 따른 자산으로 상속개시일 2년 전부터 영농에 직접 사용한 자산

❷ 법인세법을 적용받는 영농 : 상속재산 중 법인의 주식 등의 가액

## 2) 피상속인 요건

피상속인이 <u>상속개시일 8년 전부터 계속하여 직접 영농에 종사한 경우로</u> 다음의 요건을 모두 갖춘 경우 적용함.

❶ 소득세법을 적용받는 영농 :
ⓐ 경영요건 : 상속개시일 8년 전부터 직접 영농에 종사
ⓑ 거주요건 : 해당 농지 등으로부터 인접지역 또는 직선거리 30km이내 거주할 것

❷ 법인세법을 적용받는 영농 :
ⓐ 상속개시일 8년 전부터 계속하여 해당 기업을 경영
ⓑ 법인의 최대주주 등으로서 본인과 특수관계인의 주식 등을 합하여 해당 법인의 발행주식총수 등의 50% 이상 계속하여 보유할 것

## 3) 상속인 요건

상속인은 상속개시일 <u>현재 18세 이상으로 다음의 요건을 충족하거나 영농 등후계자인 경우 적용함.</u>

❶ 소득세법을 적용받는 영농
ⓐ 경영요건 : 상속개시일 2년 전부터 직접 영농에 종사. 단, 피상속인이 65세 이전 사망하거나 천재지변 등 부득이한 사유로 사망한 경우 제외
ⓑ 거주요건 : 해당 농지 등으로부터 인접지역 또는 직선거리 30km이내 거주할 것

❷ 법인세법을 적용받는 영농 :

    ⓐ 상속개시일 2년 전부터 계속하여 해당 기업을 경영. 단, 피상속인이 65세 이전 사망하거나 천재지변 등 부득이한 사유로 사망한 경우 제외

    ⓑ 상속세 과세표준 신고기한까지 임원으로 취임하고, 상속세 신고기한부터 2년 이내 대표이사 등으로 취임할 것

## (3) 사후관리

영농상속 공제를 받은 후 정당한 사유 없이 상속개시일로부터 5년 이내 상속재산(영농상속공제대상인 것) 처분하거나 영농에 종사하지 아니하게 된 경우 이자상당액을 포함하여 추징함.

❶ 기간 : 상속개시일로부터 5년 이내
❷ 요건 : 영농상속공제 받은 재산 처분 또는 영농 미종사. 단, 정당한 사유는 제외.
❸ 효과 : 이자상당액 포함하여 공제 받은 상속세 추징.
❹ 정당한 사유
- 영농상속 받은 상속인의 사망
- 해외이주법에 따른 해외 이주
- 영농상속재산의 수용 또는 협의 매수
- 영농상 필요에 따라 농지 교환분합 또는 대토
- 병역 의무 이행, 질병 이행, 취학상 형편 등 부득이한 사유로 영농에 종사하지 아니하게 된 경우

## 4. 금융재산 상속공제

### (1) 의의

상속개시일 현재 상속재산가액 중 <u>순금융재산의 가액이 있는 2억 원 한도 내</u> <u>금융재산상속공제를 적용</u>받을 수 있음.

### (2) 공제요건

1) 금융재산 범위

❶ 금융회사에서 취급하는 예금 등
❷ 상속세과세표준신고기한까지 신고하지 아니한 타인명의의 금융재산

2) 금융채무 : 금융회사 등에 대한 채무임을 확인된 것.

### (3) 공제범위

1) 순금융재산 계산

> **순금융재산 = 금융재산가액 – 금융채무**

## 2) 금융재산 공제액

| 순금융재산 | 금융재산 상속공제액 |
|---|---|
| 2,000만원 이하 | 순금융재산가액 전액 |
| 2,000만원~1억원 이하 | 2,000만원 |
| 1억원 초과~10억원 이하 | 순금융재산가액의 20% |
| 10억원 초과 | 2억원 |

## 5. 재해손실공제

### (1) 의의

거주자의 사망으로 인하여 상속이 개시되는 경우로서 상속세과세표준 신고기한 이내에 재난으로 인하여 상속재산이 멸실되거나 훼손된 경우에는 그 손실가액을 상속세과세가액에서 공제함

### (2) 요건

#### 1) 재난범위

화재·붕괴·폭발·환경오염사고 및 자연재해 등으로 인한 재난을 말함.

#### 2) 손실가액

❶ 재난으로 인하여 손실된 상속재산의 가액으로 함.

❷ 그 손실가액에 대한 보험금 등의 수령 또는 구상권 등의 행사에 의하여

당해 손실가액에 상당하는 금액을 보전받을 수 있는 경우에는 공제되지 않음.

❸ 이 경우에 재해손실가액 중 보험금 등의 수령 또는 구상권행사 등에 따라 보전받을 수 있는 가액이 확정되지 아니한 경우에는 재난의 종류, 발생원인, 보험금의 종류 및 구상권행사에 따른 분쟁관계의 진상 등을 참작하여 적정한 가액을 그 손실가액으로 함.

## (3) 공제액

> 재해손실공제액 = 재해손실가액 − 보험금 등의 수령 등에 의하여 보전받을 수 있는 가액

## 6. 동거주택 상속공제

### (1) 의의

상속개시일로부터 소급하여 10년 이상 계속하여 하나의 주택에서 동거하는 경우 해당 주택이 1세대 1주택이면 주택 상당한 금액을 6억 원 한도 내 공제

### (2) 공제요건

❶ 피상속인과 상속인이 상속개시일로부터 소급하여 10년 이상 계속하여 하나의 주택에서 동거할 것
❷ 동거주택 판정기간에 계속하여 1세대를 구성하면서 1주택에 해당할 것
❸ 상속인은 상속개시일 현재 무주택자이거나 피상속인과 공동으로 1세

대 1주택을 보유한 자로서 피상속인과 동거한 상속인이 상속받은 주택일 것.

## (3) 동거주택 인정 범위(일시적 2주택 범위)

❶ 피상속인이 다른 주택 취득으로 인하여 2주택자가 된 경우로 다른 주택 취득일로부터 2년 이내 종전 주택을 처분한 경우

❷ 상속개시일 이전에 1주택을 소유한 자와 혼인한 경우로 혼인한 날로부터 5년 이내 1개 주택을 처분한 경우

❸ 소유한 주택이 등록문화재에 해당하는 경우

❹ 이농 및 귀농주택을 소유한 경우

❺ 60세 이상의 직계존속을 동거봉양하기 위하여 세대를 합쳐 일시적으로 1세대 2주택이 된 경우로 세대를 합친 날부터 5년 이내 피상속인 외의 자가 보유한 주택을 양도한 경우

▣ **예규·판례**

♨ 피상속인은 상속개시일로부터 소급하여 10년 기간 중 2주택이었고, 2주택 중 1주택이 조합원 입주권으로 전환되어 상속개시 당시에는 1주택과 1조합원입주권을 보유한 것으로 나타나므로 동거주택 상속공제를 배제하여 청구인에게 상속세를 과세한 이 건 처분은 잘못이 없음(조심 2017서2253, 2017.7.3)

♨ 피상속인이 주택부수토지를 소유하고 있던 중 상속이 개시되어 해당 주택부수토지를 상속받는 경우에는 동거주택상속공제를 적용받을 수 없다(서면-2020-상속증여-2418, 2020.10.20.)

● 주택재개발사업으로 종전 1주택 대신 조합원입주권을 2개 취득하고 해당 입주권 2개를 보유한 상태에서 상속이 개시되는 경우에는 동거주택 상속공제를 적용받을 수 없는 것임(서면-2020-상속증여-5940, 2021.05.26.)

● 상속개시일 전 피상속인이 임대보증금을 받고 임대한 주택에 대하여 매매계약을 체결한 후 계약금만을 수령하고 사망한 경우로서 다른 공제요건 충족시 해당 주택에 대하여 동거주택 상속공제를 적용받을 수 있으며, 상속주택가액은 해당 주택의 양도대금 전액에서 상속개시일 전에 피상속인이 수령한 계약금을 차감한 가액으로 하는 것임(서면법령재산-243, 2015.5.27)

● 상속개시일 현재 일시적으로 2주택인 경우 동거주택 상속공제는 상속개시일 현재 피상속인과 직계비속인 상속인이 동거하는 주택에 대해 적용한다(재재산-306, 2016.5.2.)

● 구분소유적 공유관계에 따라 동거주택 상속공제 요건을 갖춘 상속인이 주택을 상속받은 경우에는 해당 주택 부분(6억원 한도)에 대하여 동거주택 상속공제가 적용되는 것임(서면-2020-상속증여-4020, 2020.12.08.)

● 상속개시일 이전에 이미 피상속인과 상속인이 소급하여 10년 이상 계속하여 해당주택에서 동거하던 중 질병요양 등의 사유로 인하여 다른 임차주택에서 거주하다 사망한 경우에는 동거주택 상속공제가 가능함(재산-57, 2010.2.1.)

❂ 동거주택 상속공제 규정 적용시 보유기간의 산정은 피상속인 명의로
   실제 취득(매매, 상속·증여 포함)한 날로부터 기산함(재산-106, 2010.
   2.23.)

❂ 1세대 1주택자인 피상속인이 배우자에게 10년 이상 동거한 주택의
   1/2을 증여한 후 나머지 1/2지분을 배우자에게 상속한 경우 동거주택
   상속공제 적용안됨(재산-587, 2010.8.12)

❂ 동거주택 상속공제 규정을 적용함에 있어 겸용주택으로서 주택의 면적
   이 주택외의 면적보다 더 큰 경우 주택 외의 면적은 주택으로 보는
   것임(재산-51,2010.1.26.)

❂ 주택은 상속인이 소유하고, 주택부수토지는 피상속인이 소유하고 있던
   중 상속이 개시되어 피상속인과 10년 이상 동거한 상속인이 위 주택
   부수토지를 상속받는 경우에는 동거주택상속공제를 적용할 수 없는 것
   임(재산-580, 2010.8.11)

## 7. 상속공제의 한도

## (1) 취지[5]

❶ 선순위 상속인은 피상속인과 생계를 같이 하며 피상속인으로부터 실질
   적으로 부양을 받았을 가능성이 상대적으로 크기 때문에 피상속인이 사

---

5) 서울고법 2016누40650, 2016.10.26.

망한 이후 생활안정 내지 생계유지를 위하여 상속세 부담을 완화하여 줄 필요성이 큰 반면,

❷ 후순위 상속인은 상속세 부담 완화의 필요성이 선순위 상속인에 비하여 상대적으로 덜하다고 할 것이다.

❸ 그러므로 상속공제 제도의 취지를 고려할 때에도 선순위 상속인이 본래 대로 상속 받는 경우와 후순위 상속인이 상속 포기로 상속받는 경우의 상속공제를 다르게 규정할 수 있다 할 것이므로 상속공제 종합한도 규정도 그 취지를 살려 상속인의 실제 상속재산의 한도 내에서만 상속공제가 인정되도록 하고자 하는 것이다

## (2) 한도

상속공제는 상속세 과세가액에서 다음의 금액을 차감한 잔액을 한도로 함.

❶ 상속인이 아닌 자에게 유증 또는 사인증여한 재산가액
❷ 상속인의 상속 포기로 그 다음 순위의 상속인이 상속받은 재산가액
❸ 상속세 과세가액에 가산하는 증여재산가액 - 증여공제액 및 재해손실공제액. 다만, 상속세 과세가액이 5억 원 이하인 경우 적용하지 않음.

> 상속세 과세가액
> - 상속인이 아닌 사람에게 유증, 사인증여, 증여채무 이행 중 재산
> - 상속포기로 그 다음 순위의 상속인이 상속받은 재산의 가액
> - 증여재산가액(증여재산공제 및 재해손실공제액을 뺀 후의 금액)
> = 상속공제 종합한도액

## 8. 감정평가수수료의 공제

### (1) 의의

감정평가기관 등의 감정평가수수료 등은 납세 협력비용으로 이를 공제하여 납세자의 세부담을 덜어주고자 함

### (2) 공제요건

❶ 「감정평가 및 감정평가사에 관한 법률」에 따른 감정평가법인등의 평가에 따른 수수료(상속세 납부목적용으로 한정한다)(2022.01.21 개정)

❷ 신용평가전문기관 평가수수료

❸ 유형재산 평가에 대한 감정수수료

❹ 해당 평가된 가액으로 상속세를 신고 · 납부하는 경우에 한하여 이를 적용함.

### (3) 공제한도

❶ 500만원을 초과하는 경우에는 이를 500만원으로 함.
❷ 신용평가전문기관 평가수수료는 평가대상 법인의 수(數) 및 평가를 의뢰한 신용평가전문기관의 수별로 각각 1천만원을 한도로 함.

## 제6절 상속세 산출세액 계산

### 1. 상속세 및 증여세 세율

| 과세표준 | 세율 | 누진공제 |
|---|---|---|
| 1억원 이하 | 과세표준 × 10% | |
| 1억원 초과 5억원 이하 | 1천만원 + 1억원 초과 × 20% | 1,000만원 |
| 5억원 초과 10억원 이하 | 9천만원 + 5억원 초과 × 30% | 6,000만원 |
| 10억원 초과 30억원 이하 | 2억4천만원 + 10억원 초과 × 40% | 1억6,000만원 |
| 30억원 초과 | 10억4천만원 + 30억원 초과× 50% | 4억6,000만원 |

### 2. 세대를 건너뛴 상속에 대한 할증과세

#### (1) 의의

상속인이나 수유자가 피상속인의 자녀를 제외한 직계비속인 경우(손자, 손녀 등) 상속세산출세액에서 30%(해당자 미성년자인 경우 20억 초과 상속재산을 받을 때는 40%)에 상당하는 금액을 가산함.

#### (2) 적용요건

❶ 피상속인의 자녀를 제외한 직계비속에게 상속할 것
❷ 상속결격 사유에 의한 대습상속이 아닐 것. 단, 상속포기에 따른 후순위로 받게 되는 경우는 할증과세 대상임.

## (3) 계산

$$\text{할증액} = \frac{\text{상속세}}{\text{산출세액}} \times \frac{\text{피상속인 자녀를 제외한}}{\text{직계비속이 상속받은 재산가액}} \times 30\%$$

**[예제]**

A : 2023.09.01. 사망

1. 총상속재산 : 1,000,000,000원

2. 상속세과세표준 : 500,000,000원

3. 상속세세율

| 과세표준 | 세율 | 누진공제 |
|---|---|---|
| 1억원 이하 | 과세표준 × 10% | |
| 1억원 초과 5억원 이하 | 1천만원 + 1억원 초과 × 20% | 1,000만원 |

3. 상속인의 상속포기로 손녀에게 상속재산 300,000,000원 재산 승계

**Q. 상속세 산출세액은?**

1) 9.5억 20% - 1,000만 = 9,000만

2) 9,000 × 3억/10억 × 30% = 810만

3) 9,000만 + 810만 = 9,810만

### 3. 상속세의 세액공제

### (1) 기납부 증여세액 공제

#### 1) 의의

상속세 과세가액에서 가산한 증여재산에 대한 증여세액을 상속세 산출세액에서 공제함

#### 2) 적용요건

❶ 상속세 과세가액에 합산하는 사전증여재산가액일 것
❷ 증여세 신고 후 산출세액이 발생할 것
❸ 상속세 과세가액이 5억 원 초과할 것.(상속세 과세가액 5억 원 미만인 경우 공제하지 않음)

### (2) 신고세액공제

#### 1) 의의

납세의무자가 상속개시일이 속하는 달의 말일부터 6개월 이내(국외 주소지 둔 경우 9개월) 상속세를 신고한 경우 세액공제함.

#### 2) 세액공제율

[상속세 산출세액(할증세액 포함) − (증여세액 공제 등)] × 3%

## 4. 가산세

### (1) 가산세 부과

세법에서 규정한 의무를 위반한 자에게 가산세 부과함.

### (2) 무신고가산세

#### 1) 일반무신고가산세

❶ 의의 : 납세의무자가 법정신고기한까지 상속세를 신고하지 아니한 경우
❷ 적용 : 무신고납부세액×20%

#### 2) 부정무신고가산세

❶ 의의 : 부정한 방법에 의하여 신고하지 아니한 경우
❷ 적용 : 무신고납부세액×40%
❸ 부정한 행위
  ● 이중장부 작성 등 장부의 거짓 기록
  ● 거짓 증명 또는 거짓 문서의 작성 및 수취
  ● 장부와 기록의 파기
  ● 재산의 은닉이나 소득 · 수익 · 행위 · 거래의 조작 또는 은폐
  ● 고의적으로 장부를 작성하지 아니하거나 비치하지 아니하는 행위 또는
    계산서, 세금계산서 또는 계산서합계표, 세금계산서 합계표의 조작

### (3) 과소신고 및 초과환급신고가산세

#### 1) 일반과소신고·초과환급신고가산세

❶ 의의 : 납세의무자가 법정신고기한까지 세법에 따른 상속세의 과세표준을 신고한 자가납부할 세액을 신고하여야 할 세액보다 적게 신고한 경우 부과하는 가산세

❷ 적용

> **과소신고납부세액 등 × 10%**

#### 2) 부정과소신고·초과환급신고가산세

❶ 의의 : 부정행위로 과소신고하거나 초과신고한 경우 부과하는 가산세

❷ 적용

> **과소신고납부세액 등 × 40%(부정행위 외 과소는 10%)**

### (4) 납부지연가산세

❶ 의의 : 납세의무자가 법정납부기한까지 상속세를 납부하지 아니하거나 적게 납부(또는 초과환급)하는 경우 부과하는 가산세

❷ 과소납부분 가산세

> **과소납부분가산세 = 과소납부(초과환급)세액 × 미납일수 × 2.2/10,000**

## (5) 가산세 감면

❶ 수정신고

| 수정신고 기한 | 감면액 |
|---|---|
| 법정신고기한이 지난 후 1개월 이내 | 90% 감면 |
| 법정신고기한이 지난 후 1개월 초과 3개월 이내 | 75% 감면 |
| 법정신고기한이 지난 후 3개월 초과 6개월 이내 | 50% 감면 |
| 법정신고기한이 지난 후 6개월 초과 1년 이내 | 30% 감면 |
| 법정신고기한이 지난 후 1년 초과 1년 6개월 이내 | 20% 감면 |
| 법정신고기한이 지난 후 1년 6개월 초과 2년 이내 | 10% 감면 |

❷ 기한후신고

| 기한후 신고 기한 | 감면액 |
|---|---|
| 법정신고기한이 지난 후 1개월 이내 | 50% 감면 |
| 법정신고기한이 지난 후 1개월 초과 3개월 이내 | 30% 감면 |
| 법정신고기한이 지난 후 3개월 초과 6개월 이내 | 20% 감면 |

## 제7절 상속세 과표준의 신고 및 납부

### 1. 상속세 과세표준 신고의무자

상속인 또는 수유자

### 2. 상속세 과세표준신고기한

#### (1) 원칙

상속개시일이 속하는 달의 말일부터 6개월 이내(피상속인 또는 상속인이 외국에 주소를 둔 경우 9개월)

#### (2) 신고기한까지 상속인이 확정되지 아니한 경우

상속세는 우선 신고하되 상속인이 확정된 날부터 30일 인내 확정된 상속인의 상속관계를 적어 관할세무서장에 제출

### 3. 기타 상속세 주요 내용

#### (1) 경정청구 등의 특례

상속재산회복 청구의 소 등의 이유로 상속재산 가액 변동된 경우 또는 상속

개시후 1년 내 상속재산의 수용 등으로 상속재산가액이 현저히 하락한 경우 6개월 이내 경정청구 가능

## (2) 분할납부

자진납부할 세액 1,000만원 초과할 경우 2개월 이내 범위에 분할납부 신청 가능

❶ 납부할 세액이 2,000만원 이하 = 1,000만원 초과하는 금액
❷ 납부할 세액이 2,000만원 초과 = 세액의 50% 이하 금액

## (3) 연부연납

### 1) 요건

❶ 상속세 납부세액이 2,000만원 초과할 경우
❷ 납세담보 제공할 경우

### 2) 신청

신청기한 내 신고서와 함께 제출. 단, 고지서 납부기한인 경우 해당 납부기한 내 제출

### 3) 연부연납의 기간

❶ 일반 : 연부연납허가일로부터 10년(상속세), 5년(증여세)

❷ 가업상속재산인 : 20년 (또는 연부연납 허가 후 10년이 되는 날부터 10년)

## (4) 상속세 물납

상속세 납부세액이 2천만원 초과할 경우 부동산 등의 상속재산가액 비중이 50% 초과할 경우에 한하여 물납 가능.

---

### ▣ 예규·판례

♨ 부동산과 유가증권의 가액이 상속재산가액의 2분의 1을 초과하는지 여부를 판단할 때, 비상장주식은 그 밖의 다른 상속재산이 없거나 상증령 제74조제2항제1호부터 제3호까지의 선순위 물납대상재산으로 상속세 물납에 충당하더라도 부족한 경우에 한정하여 유가증권의 범위에 포함하여 같은 법 제73조제1항에 따라 비상장주식으로 물납을 신청할 수 있음(법령해석재산-0013, 2018.03.30.)

♨ 명의신탁재산에 대한 증여의제규정이 적용되어 증여세가 과세된 경우 당해 명의신탁된 주식으로 물납이 가능함(재재산-1462, 2004.11.03.)

♨ 상속재산에는 상속인이 받은 증여재산을 포함하도록 규정하고 있으므로 물납대상인 상속재산은 상속인이 상속개시 이전에 증여받은 재산을 포함하는 것으로 해석되며 상증법 제3조 제1항에서 상속인 등은 그 상속재산 중 각자 받았거나 받을 재산을 기준으로 납세의무를 지는 것이므로 사전증여재산으로 물납할 수 있는 상속세액은 사전증여재산의

가액을 상속세과세가액에 가산함에 따라 증가된 그 세액의 범위 내에서 할 수 있는 것임(조심2013전4947, 2014.09.23)

## (5) 상속세 및 증여세 결정·경정

❶ 납세의무 확정 : 납세의무자가 제출한 신고서를 바탕으로 세액을 결정하면 납세의무가 확정됨.

❷ 법정결정기한 : 상속세과세표준신고기한부터 9월 이내

# Chapter 03

# 증여세

## 제1절 증여에 관한 민법상 규정

### 1. 증여 개념

#### (1) 증여

당사자 일방이 무상으로 재산을 상대방에게 주겠다고 의사를 표시하고 상대방이 그 내용을 승낙함으로 성립하는 계약

#### (2) 용어

❶ 증여자 : 재산을 준 자
❷ 수증자 : 재산을 받은 자

## 2. 증여의 법적 성격

❶ 증여는 쌍무계약이다. : 단독행위가 아닌 증여자와 수증자 사이 의사 합치로 성립하는 계약임.

❷ 증여는 무상계약이다. : 수증자로부터 대가인 재산적 이익을 받지 않고 증여자의 재산적 이익을 주는 행위임.

❸ 증여는 낙성계약이다.

　※ 낙성계약 : 당사자 간의 의사표시만으로 성립되는 계약

❹ 증여는 불요식 행위이다. : 서면으로 하지 않은 증여 계약도 효력 있음.

## 3. 증여의 효력

❶ 증여계약에 의하여 증여자는 증여하기로 한 재산을 수증자에게 증여하여야 할 채무를 부담하게 됨.

❷ 수증자는 해당 재산을 취득할 수 있는 채권을 소유하게 됨.

❸ 따라서, 증여자가 증여 이행을 하지 않으면 수증자는 채무불이행에 대한 손해배상청구를 할 수 있음.

## 4. 증여계약의 해제

### (1) 서면에 의하지 않은 증여계약

서로 간의 의사표시로 해제 가능.

### (2) 재산상태 변동에 따른 증여의 해제

증여계약을 한 후 증여자의 재산상태가 현저하게 변경된 경우 증여자의 생계에 영향을 주면 계약을 해제할 수 있음. 단, 이미 이행된 증여는 영향을 주지 않음.

### (3) 망은행위에 대한 증여해제

❶ 망은행위 : 은혜를 잊고 부도덕한 행위를 하는 것을 말함.
❷ 자식이 부모의 재산을 증여계약에 따라 받을 의무가 있을 때 부모 부양 의무를 저버리거나 부도덕한 행위(배우자 또는 직계혈족에 대한 범죄행위)를 할 경우 증여계약을 해제할 수 있는 것을 말함. 단, 이미 이행된 증여는 영향을 주지 않음.

## 5. 특수한 형태의 증여

### (1) 부담부증여

❶ 수증자가 증여를 받는 동시에 일정 의무를 부담하는 조건으로 하는 증여
❷ 증여계약이 이미 이행되더라도 그 의무를 이행하지 않을 때 증여자는 증여계약을 해제할 수 있음.

### (2) 사인증여

증여자 생전에 증여계약을 맺으나 그 효력은 증여자 사망을 법정조건으로 발

생하는 증여를 말함.

## (3) 정기증여

1회성 증여가 아닌 정기적(매월 또는 매년)으로 재산을 무상으로 증여해주는 것을 말함.

## 제2절 증여세 과세개요

### 1. 증여세 의의

#### (1) 의의

타인으로부터 무상으로 재산 취득할 때 받은 재산을 과세물건으로 하여 수증자(취득자)에게 부과하는 세금임.

#### (2) 부과취지

재산의 무상이전에 대한 과세 형평과 조세회피 방지하기 위함(상속세).

### 2. 증여세 과세유형

- 상속세 : 유산과세형(재산을 준 사람에게 과세)
- 증여세 : 취득과세형(재산을 받은 사람에게 과세)

### 3. 증여세의 과세체계

#### (1) 구분과세

증여세는 원칙적으로 증여시기별, 증여자별, 수증자별로 과세가액을 계산함.

(예: 부모님이 첫째 자녀 1억, 둘째 자녀 1억 증여 → 자녀별로 증여세 계산)

## (2) 재차증여 합산과세

당해 증여일 전 10년 이내에 동일인으로부터의 받은 증여가액의 합계액이 1천만 원 이상인 경우에는 그 가액을 증여세 과세가액에 가산함. 이는 분산증여를 통한 누진부담의 회피를 방지하기 위하는 데 있음.

## 4. 증여에 대한 완전포괄주의 도입

❶ 2003.12.31. 이전 민법상 증여 개념 도입에 따라 새로운 형태의 거래에 대한 증여세 부과가 할 수 없음에 따라 조세회피가 가능함.

❷ 이후 증여세 완전포괄주의를 도입하여 새로운 거래라 하더라도 부의 무상 이전이면 증여세를 부과할 수 있게 됨.

## 5. 증여세 세액산출흐름

### 1) 계산흐름

증여재산가액

\+ 동일인으로부터 10년 이내 증여받은 재산

\- 채무인수액

\- 비과세 및 과세가액 불산입

= 증여세 과세가액


\- 증여재산 공제

\- 재해손실공제

\- 감정평가수수료 공제

= 증여세 과세표준


× 세율(10% ~ 50%)

= 산출세액

\+ 세대생략 할증세액(30%, 미성년자 20억 초과 40%)

\- 신고세액공제 3%

\- 10년 이내 증여재산합산시 기납부세액

= 납부할 증여세액

## 2) 증여공제

| 증여자 | 배우자 | 직계존속 | 직계비속 | 기타친족[6] | 기타 |
|--------|--------|----------|----------|-----------|------|
| 공제한도 | 6억원 | 5천만원<br>(미성년자<br>2천만원) | 5천만원 | 1천만원 | 없음 |

## 3) 세율

| 과세표준 | 1억 이하 | 5억 이하 | 10억 이하 | 30억 이하 | 30억 초과 |
|----------|----------|----------|-----------|-----------|-----------|
| 세율 | 10% | 20% | 30% | 40% | 50% |
| 누진공제 | 없음 | 1천만 | 6천만 | 1억6천만 | 4억6천만 |

---

6) 6촌 이내 혈족 또는 4촌 이내 인척을 말함.

## 제3절 증여세 과세대상 및 납부의무

### 1. 증여세 과세대상

#### (1) 증여 개념(완전포괄주의)

##### 1) 증여

행위 또는 거래 명칭에 관계없이 직접 또는 간접적인 방법으로 타인에게 무상으로 유형·무형의 재산 또는 이익을 이전(현저히 낮은 대가를 받고 이전하는 경우 포함)하거나 타인의 재산가치를 증가시키는 경우를 말함.

##### 2) 예외

유증과 사인증여는 제외함.

#### (2) 증여재산

증여로 인하여 수증자에게 귀속되는 모든 재산 또는 이익을 말함.
  ❶ 금전으로 환산할 수 있는 경제적 가치가 있는 모든 물건
  ❷ 재산적 가치가 있는 법률상 또는 사실상의 모든 권리
  ❸ 금전으로 환산할 수 있는 모든 경제적 이익

## (3) 증여세 과세대상

### 1) 일반적인 경우

❶ 무상 이전 받은 재산 또는 이익

❷ 현저히 낮은 대가를 주고 재산 또는 이익을 이전받음으로써 발생하는 이익이나 현저히 높은 대가를 받고 재산 또는 이익을 이전함으로써 발생하는 이익. 단, 특수관계인이 아닌 자 간의 거래는 거래 관행상 정당한 사유가 있을 때 제외함.

❸ 재산 취득 후 해당 재산의 가치가 증가한 경우의 그 이익. 단, 특수관계인이 아닌 자 간의 거래는 거래 관행상 정당한 사유가 있을 때 제외함.

❹ 증여예시규정 및 추정, 의제규정에 해당되는 경우

> ✎ **[증여예시규정]**
> ① 신탁이익의 증여
> ② 보험금의 증여
> ③ 저가 양수 또는 고가 양도에 따른 이익의 증여
> ④ 채무면제 등에 따른 증여
> ⑤ 부동산 무상사용에 따른 이익의 증여
> ⑥ 합병에 따른 이익의 증여
> ⑦ 증자에 따른 이익의 증여
> ⑧ 감자에 따른 이익의 증여
> ⑨ 현물출자에 따른 이익의 증여
> ⑩ 전환사채 등의 주식전환 등에 따른 이익의 증여
> ⑪ 초과배당에 따른 이익의 증여
> ⑫ 주식 등의 상장 등에 따른 이익의 증여

⑬ 금전 무상대출 등에 따른 이익의 증여

⑭ 합병에 다른 상장 등 이익의 증여

⑮ 재산사용 및 용역제공 등에 따른 이익의 증여

⑯ 법인의 조직 변경 등에 따른 이익의 증여

⑰ 재산 취득 후 재산가치 증가에 따른 이익의 증여

## 2) 상속재산 분할

❶ 상속개시 후 상속재산이 확정되어 등기 등이 된 이후에 공동상속인의 협의분할한 결과 특정 상속인이 당초 상속분을 초과하여 취득하게 되는 경우

❷ 상속분이 감소된 자가 증가된 자에게 증여한 것으로 봄.

❸ 단, 상속세 과세표준신고기한 이내 재분할에 의하여 당초 상속분을 초과 취득한 경우 또는 재분할 무효 등 정당한 사유가 있을 때 제외함.

## 3) 증여받은 재산을 반환하는 경우

❶ 증여세 신고기한 이내에 반환하는 경우 : 처음부터 증여가 없었던 것으로 봄.

❷ 신고기한이 지난 후 3개월 이내에 증여자에게 반환하거나 증여자에게 다시 증여하는 경우 : 기존 증여세 부과는 그대로 하되(환급 안 해줌) 반환하거나 다시 증여하는 것에 대하여는 증여세 부과하지 않음.

| 반환 또는 재증여 시기 | | 당초 증여에 대한<br>증여세 과세여부 | 반환 증여에 대한<br>증여세 과세여부 |
|---|---|---|---|
| 금전 | 시기 관계없음 | 과세 | 과세 |
| 금전<br>외 | 증여세 신고기한 내 | 과세 제외 | 과세 제외 |
| | 증여세 신고기한 후<br>3개월 이내 | 과세 | 과세 제외 |
| | 증여세 신고기한 후<br>3개월 경과 | 과세 | 과세 |
| | 반환 전 증여세 결정된<br>경우 | 과세 | 과세 |

## (4) 증여재산가액 계산의 일반원칙

1) 재산 또는 이익을 무상으로 이전받은 경우 : 시가 상당액

2) 재산 또는 이익을 현저히 낮은 대가를 주고 이전받거나 현저히 높은 대가를 받고 이전한 경우

❶ 증여재산가액 : 시가와 대가의 차액

❷ 기준 : 시가와 대가 차이가 3억 원 이상이거나 시가의 30% 이상인 경우

3) 재산 취득 후 해당 재산의 가치가 증가하는 경우

❶ 증여재산가액 : 재산가치상승금액(재산의 취득가액(증여의 경우는 증여과세가액) + 통상적 가치상승분 + 가치상승기여분은 제외)

❷ 기준 : 위 금액이 3억 원 이상이거나 (재산의 취득가액(증여의 경우는 증여과세가액) + 통상적 가치상승분 + 가치상승기여분)이 30% 이상인 경우

## 제4절 증여 예시규정

### 1. 신탁이익의 증여

### (1) 기본개념

#### 1) 의의

신탁계약에 따라 위탁자가 타인을 신탁계약의 전부 또는 일부를 받을 수익자로 지정한 경우

#### 2) 납세의무자

신탁이익 수익자가 납세의무자임.

### (2) 과세요건 등

#### 1) 과세요건

신탁계약에 따라 위탁자가 타인을 신탁의 이익의 전부 또는 일부를 받을 수 있는 수익자로 지정한 경우

#### 2) 과세대상 : 이익을 받을 권리

### 3) 증여시기

❶ 원칙 : 원본 또는 수익이 수익자에게 실제 지급되는 때

❷ 예외

  a. 수익자로 지정된 자가 그 이익을 받기전에 당해 신탁재산의 위탁자가 사망한 경우 : 위탁자의 사망일

  b. 원본 또는 수익을 지급하기로 약정한 날까지 수익자에게 지급되지 아니한 경우 : 지급약정일

  c. 신탁계약을 체결하는 날에 원본 도는 수익의 이익이 확정되지 아니한 경우로서 이를 분할하여 지급하는 경우 : 당해 원본 또는 수익의 실제 분할 지급일

  d. 원본 또는 수익을 수회로 분할하여 지급하는 경우 : 최초분할 지급일

## 2. 보험금의 증여

### (1) 기본개념

#### 1) 개요

보험료 불입자와 수익자가 다른 경우 수익자에게 부과되는 증여임.

#### 2) 납세의무자 : 보험금 수령인

## (2) 과세요건 등

### 1) 과세요건

❶ 생명보험이나 손해보험에서 보험금 수령인과 보험료 납부자가 다른 경우
❷ 보험계약 기간에 보험금 수령인이 타인으로부터 재산을 증여받아 보험료를 납부한 경우

### 2) 과세대상 : 증여재산가액

### 3) 증여시기 : 보험사고 발생일

### 4) 증여재산가액

❶ 보험료불입자와 보험금수령인이 다른 경우
  a. 보험료 전액 타인이 불입한 경우 : 당해 보험금
  b. 보험료 일부 타인이 부담한 경우

$$증여이익 \ = \ 보험금 \ \times \ \frac{타인 \ 불입한 \ 보험료}{불입한 \ 보험료 \ 총합계}$$

[예제]

○ 총 불입한 보험료 : 100만원

○ A가 납입(불입) : 60만원

○ B가 납입(불입) : 40만원

○ 보험금 수령액 : 1,000만원

**Q. B가 보험금 수령한 경우 증여재산가액은?**

1,000만원 × 60/100 = 600만원

❷ 보험계약 기간에 보험금 수령인이 타인으로부터 재산을 증여받아 보험
   료를 납부한 경우

   a. 보험료를 전액 타인재산 수증분으로 불입한 경우 : 증여이익 = 보험금
      - 보험료 불입액

   b. 보험료를 일부 타인재산 수증분으로 불입한 경우

$$증여이익 = 보험금 \times \frac{타인재산\ 수증분으로\ 불입한\ 보험료}{(불입한\ 보험료\ 총액)\ -\ 타인재산\ 수증분으로\ 불입한\ 보험료}$$

**[예제]**

○ 총 불입한 보험료 : 100만원

○ A 재산으로 납입(불입) : 60만원

○ B 재산으로 납입(불입) : 40만원

○ 보험금 수령액 : 1,000만원

**Q1.** B가 보험금 수령한 경우 증여재산가액은? 단, 보험료 불입자와 수령자는 동일한 것으로 가정한다.

1,000만원 × (60만원/100만원) - 60만원 =

**Q2.** 만약, 보험료 전액 A 재산으로 납입하고 B가 수령한 경우 증여재산가액은? 단, 보험료 불입자와 수령자는 동일한 것으로 가정한다.

1,000만원 - 100만원 = 900만원

## 3. 저가양수 및 고가양도에 따른 이익의 증여

### (1) 기본개념

#### 1) 의의

당해 재산을 시가보다 낮은 가액으로 양수하거나 시가 보다 높은 가액으로 양도하는 경우에는 당해 재산을 거래하는 때에 시가와의 차액에 상당하는 금액을 증여받은 것으로 함.

### 2) 납세의무자

증여이익 의제를 받은 자 = 저가양수인 또는 고가양도인

## (2) 과세요건 등

### 1) 과세요건

❶ 특수관계인과의 거래 : 시가와 대가의 차액이 min(시가 × 30%, 3억원)의 이상인 경우
❷ 특수관계인 외의 거래 : 시가와 대가의 차액이 시가의 30% 이상인 경우

### 2) 증여재산가액

❶ 특수관계인과의 거래 : 시가와 대가의 차액 – min(시가 × 30%, 3억원)
❷ 특수관계인 외의 거래 : 시가와 대가의 차액 – 3억원

## (3) 개인과 법인간의 양수도 거래(법인세와의 관계)

- 법인세법상 부당행위계산부인 규정이 적용되지 아니한 경우 : 증여 규정 적용하지 않음. 단, 거짓이나 그 밖의 부정한 행위임을 확인되어 증여세 감소시킨 것으로 인정될 때 적용할 수 있음.

- 법인세법상 부당행위계산부인 규정이 적용되는 경우 : 그 이익을 분여받은 개인에 대하여 법인세법상 소득처분(상여 등)되어 소득세 과세됨.

따라서, 증여세 과세하지 않음.

## (4) 개인간 양수도거래(양도소득세와의 관계)

- 저가양수 : 특수관계인 개인간에 저가양수한 경우 양도자에게는 양도소득세(시가로 양도한 것으로 봄, 부당행위계산부인규정 적용) 과세, 양수자에게 증여세 과세함. 따라서, 저가양도는 특수관계인 거래에서만 적용

- 고가양도 : 특수관계 불문하고 양도자에게 양도소득세(양도한 금액으로 계산) 과세하고 증여세를 추가 과세함. 단, 이중과세방지를 위해 고가(시가 보다 높은 금액)에 따른 증여이익을 차감함.

## 4. 채무면제 등에 따른 증여

## (1) 의의

채권자로부터 채무의 면제를 받거나 제3자로부터 채무의 인수 또는 변제를 받은 경우에는 그 면제 등에 따른 이익 상당 금액을 증여재산으로 함.

## (2) 과세요건

- ❶ 제3자로부터 채무의 면제를 받은 경우
- ❷ 제3자가 채무의 인수를 한 경우
- ❸ 제3자가 채무를 변제한 경우

**(3) 과세대상 : 당해 채무면제 등 이익**

**(4) 납세의무자 : 채무면제 등의 이익을 얻은 자**

**(5) 증여시기**

❶ 채권자로부터 채무 면제 받은 경우 : 채권자가 면제에 대한 의사표시
   한 날
❷ 제3자로부터 채무의 인수 또는 변제를 받은 경우 : 제3자와 채권자 간
   에 채무의 인수 또는 변제 계약이 체결된 날

## 5. 부동산 무상사용에 따른 이익의 증여

**(1) 의의**

타인 부동산을 무상으로 사용함에 따라 이익을 얻은 경우 무상 사용을 개시
한 날을 증여일로 하여 그 이익에 상당하는 금액을 증여재산가액으로 함.

## 6. 금전 무상대출 등에 따른 이익의 증여

**(1) 의의**

무상 대여나 낮은 이자율로 돈을 빌려받아 증여세를 회피하려는 경우, 발생한
경제적 이익은 증여와 같은 효과를 갖고 증여세를 부과받게 된다. 하지만
2013년부터는 특수관계인이 아닌 자 간의 거래에서도 정당한 사유가 있으면

증여세에서 제외되기도 한다. 또한, 2015년에는 1억 원 이상 대출을 받아 이익이 1천만 원 이상인 경우에 한하여 증여세를 과세하도록 개정되었다.

따라서 타인으로부터 금전을 무상으로 또는 적정 이자율보다 낮은 이자율로 대출받은 경우 그 금전을 대출받은 날에 다음 금액에 따라 증여를 받은 것으로 한다. 단, 증여재산금액이 1천만원 미만인 경우 과세하지 않음.

## (2) 증여금액

❶ 무상대출 : 대출금액 × 적정이자율(연4.6%)
❷ 저리대출 : 대출금액 × 적정이자율(연4.6%) - 실제 이자지급액

---

### ▣ 예규·판례

♻ 조심2018중3425, 2019.06.13. : <u>무상대출한 금전에 대한 적정이자 상당액이 이미 대출받은 날에 증여세 납세의무가 성립되어 있는 상태에서 사후적으로 발생한 사유로 상속개시 당시 원본채권이 회수불능이 되었다 하여 사전증여재산으로서 상속세 과세대상에서 제외되는 것은 아님.</u>

♻ 재산-623, 2009.03.25. : 대부기간이 1년이 되기 전에 대부금액을 상환한 경우 상환일까지 계산한 금액을 금전무상 대부이익으로 봄.

♻ 재산-4319, 2008.12.19. : 임대사업자가 특수관계자로 부터 금전을 무상으로 대부받아 부동산을 취득한 경우로서 장부상 지급이자가 계상

되지 않게 되어 소득세를 더 많이 부담한 경우 수증자에게 소득세가 부과되는 때에는 증여세를 부과하지 아니한다는 규정은 적용안됨.

❁ 서면4팀-2155, 2005.11.11. : 특수관계자로부터 비상장주식을 장기할 부조건으로 양수하는 경우로서 산정기준일을 경과하여 지급하기로 한 금전이 양도의 대가에 해당하는지 또는 금전의 소비대차에 해당하는지 여부 사실관계를 확인하여 판단할 사항임.

❁ 재산상속 46014-608, 2000.05.19. : 재단법인은 특정법인과의 거래를 통한 증여의제규정은 적용되지 않으나 특수관계자로 부터 무상으로 금전을 대부받은 경우 증여세 과세됨.

❁ 당사자간에 쟁점금액과 관련한 금전소비대차계약 공정증서를 작성한 점, 위 공정증서에 따르면 약정이자율은 적정이자율에 못 미치는 것으로 나타나는 점 등에 비추어 이 건 증여세 부과처분은 타당해 보이나, 청구인 본인이 이 건 증여세를 납부할 능력이 없다고 주장하고 있는 바, 현재로서는 청구인이 상증법 제4조 제3항에서 규정하는 증여세 납부능력이 없는 자에 해당하는지 여부가 불분명해 보이는 점 등에 비추어 청구인의 증여세 납부능력 등을 재조사하여 그 결과에 따라 증여세를 면제하는 것이 타당함(조심2016서89, 2016.5.12.)

❁ 청구인이 제출한 차용증에는 이자의 약정 또는 원금의 변제기한 등에 대한 약정이 없는 등 이를 정상적인 금전소비대차계약서로 보기는 어려운 점, 청구인은 상속개시일까지 원금을 전혀 변제하지 아니하였고, 이자를 지급한 것으로 보기도 어려운 점 등에 비추어 쟁점금액을 차용하였다는 청구주장을 받아들이기 어려움(조심2020중0005, 2020.

06.30.)

**[판례] 서울행법2021구합52976(2022.03.25.)**

[주문]

1.원고의 청구를 기각한다.

2.소송비용은 원고가 부담한다.

〈청구취지〉

피고가 2019. 12. 2. 원고에 대하여 한 별지1 목록 기재 각 증여세 부과 처분을 취소한다.

[이유]

1. 처분의 경위

가. 원고는 원고 소유의 서울 ○○구 ○○동 330-516 지상에 단독주택 (이하 '이 사건 건물'이라 한다)을 신축하기 위하여 2014. 9. 24. 주식회사 ○○건설(이하 '소외회사'라 한다)과 공사기간 2014. 9. 25. 부터 2015. 9. 24.까지, 계약금액 1,000,000,000원, 계약보증금 100,000,000원으로 하는 도급계약(이하 '이 사건 공사계약'이라 한다)을 체결하였다.

나. 원고와 소외회사는 ① 2015. 8. 18. 설계변경으로 인하여 공사기간을 2015. 11.30.까지 연장하고, 계약금액을 2,442,000,000원으로 증액 하는 내용의 제1차 변경합의를 하였고, ② 2015. 11. 20. 베란다 및 거실 확장공사 등을 위하여 공사기간을 2016. 8.22.까지 재연장하는

제2차 변경합의를 하였다.

다. 원고는 이 사건 공사계약에 따른 대금 2,442,000,000원을 2015. 2. 26.부터 2016.8. 22.까지 총 5회에 걸쳐 소외회사에 지급하였다(구체적인 지급내역은 아래 '2. 이 사건 처분의 적법 여부' 중 다.1)항 표 참조).

라. 한편 원고는 아버지 □□□ 2015. 8. 12. 이 사건 건물에 관하여 전세기간 준공완료일로부터 24개월, 전세보증금 2,920,000,000원, 인도일 준공완료일로 정한 전세계약(이하 '이 사건 전세계약'이라 한다)을 체결하였고, □□□은 2015. 8. 12.부터 2016. 8. 24.까지 6회에 걸쳐 전세보증금을 지급하였다(구체적인 지급내역은 아래 '2.이 사건 처분의 적법 여부' 중 다.1)항 표 참조).

마. 2015. 12. 28. 이 사건 건물에 대한 사용승인이 이루어졌고, 원고는 2016. 1. 6. 소유권보존등기를 경료하였으며, □□□은 2016. 8. 26. 전세권설정계약일을 2016. 8.24.로 하여 전세권설정등기를 마쳤다.

바. 서울지방국세청장은 원고에 대한 세무조사를 실시한 후 □□□이 원고에게 전세보금 계약금 및 각 중도금을 지급한 때로부터 잔금 지급기일까지의 기간 동안 구 상속세 및증여세법(2015. 12. 15. 법률 제13557호로 개정되기 전의 것, 이하 '상속세및증여세법'이라 한다) 제41조의4의 '금전 무상대출에 따른 이익의 증여'를 한 것으로 보아 피고에게 과세자료를 통보하였다.

사. 피고는 위와 같은 과세자료를 기초로 2019. 12. 2. 원고에게 가산세

를 포함하여 별지1 목록 기재와 같이 각 증여세 부과처분(이하 '이 사
건 처분'이라 한다)을 하였다.

아. 원고는 이 사건 처분에 불복하여 2020. 2. 28. 심판청구를 제기하였
으나, 조세심판원은 2020. 10. 30. 위 청구를 기각하였다.

[인정근거] 다툼 없는 사실, 갑1 내지 4, 6 내지 8호증, 을1 내지 5호증
(가지번호 있는 것은 각 가지번호 포함)의 각 기재, 변론 전체
의 취지

2. 이 사건 처분의 적법 여부

가. 원고 주장의 요지

1) 이 사건 전세계약은 이 사건 건물의 사용수익을 목적으로 하는 유상거
래로서 가장행위가 아니고, 전세보증금을 분할 지급받은 사정만으로
금전의 무상대출에 따른 이익의 증여로 보아 과세한 이 사건 처분은
위법하다.

2) 설령 전세보증금 분할 지급행위를 금전의 무상대출이라고 보더라도 무
상대출의 종시점은 □□□이 이 사건 건물을 실제 점유·사용한 이 사
건 건물 준공일(2015. 12. 28.)까지로 보아야 한다.

나. 관계 법령

다. 판단

1) 이 사건 전세계약에 따른 보증금 분할 지급이 금전 무상대출에 따른 이익의 증여인지 여부

앞서 본 인정사실에 갑10호증의 기재 및 변론 전체의 취지를 종합하여 알 수 있는 다음의 사실 내지 사정에 비추어 보면, □□□이 분할하여 전세보증금을 지급한 것은 원고에게 이 사건 건물의 신축대금을 지원하기 위한 금전 무상대출에 해당한다고 봄이 상당하므로, 이에 관한 원고의 주장은 이유 없다.

① □□□의 전세보증금 지급일자와 원고의 공사대금 지급일자를 비교하여 보면, 아래 표에서 보는 바와 같이 전세보증금 중 계약금과 잔금을 제외한 나머지 금액이 그 입금 이후 근접한 시일 내에 전부 공사대금으로 지급된 사실을 알 수 있다.

② 이 사건 전세계약서 특약사항 1항에는 "상기 전세가액은 2개의 감정평가기관의 감정평가액의 평균가액으로 한다."라고 기재되어 있는데, 실제 감정평가가 이루어진 시기는 2016. 5.경이므로, 전세계약서 작성일인 2015. 8. 12.에는 전세보증금이 확정되지 않은 상황이었다. 따라서 이 사건 전세계약서가 소급작성된 것이라는 의심이 든다.

③ 일반적인 전세거래계약에서는 보증금 중 상당액(통상 계약금 10%를 제외한 나머지 금액)을 잔금으로 지급하는 반면, □□□은 총 전세보증금 2,920,000,000원 중 거의 대부분(약 99.3%)인 2,900,000,000원을 미리 계약금 및 중도금으로 지급하였다.

④ 거래 상황에 따라 일방적인 해약을 방지하기 위하여 또는 사용수익권 선점을 위하여 보증금을 분할하여 미리 지급하는 경우가 있으나, 원고와 □□□이 부자(父子)관계에 있어 일방적인 해약의 가능성이 사실상 없고, 이 사건의 건물은 주택으로서 사용수익권 선점의 필요성을 인정하기도 어려워 무상대출의 목적이 아니라면 보증금을 미리 지급할 필요가 있다고 보이지 않는다.

2) 무상대출의 종기시점을 언제로 보아야 하는지 여부

앞서 본 인정사실에 변론 전체의 취지를 보태어 알 수 있는 다음의 사실 내지 사정을 종합하여 보면, 잔금 지급일인 2016. 8. 24.부터 □□□이 이 사건 건물을 점유·사용하였다고 봄이 상당하므로, 이에 관한 원고의 주장 역시 이유 없고, 결국 그 전날인 2016. 8. 23. 무상대출이 종료되었다고 보고 그에 따라 이익을 산정하여 나온 이 사건 처분은 적법하다.

① 일반적인 임대차계약의 거래 관행에 의하면, 잔금을 지급함과 동시에 건물의 인도가 이루어지고 그 때부터 건물의 사용·수익이 이루어지는데, 전세보증금 중 잔금 20,000,000원은 2016. 8. 24. 지급되었다.

② 이 사건 공사는 제1, 2차 변경합의를 거쳐 2016. 8. 22. 종료되었고 그 중 제2차 변경합의는 베란다 및 거실 확장을 위해 이루어졌는바, 공사의 내용에 비추어 위 공사가 마무리된 2016. 8. 22.까지는 이 사건 건물에 사람이 거주하는 것은 어렵다고 보인다.

③ 2016. 3.경부터 이 사건 건물에 대한 전기요금, 도시가스, 수도요금이

납부된 사실은 인정된다(수도요금은 2015. 12.경부터 납부됨). 그러나 위 요금들이 □□□이 아닌 원고 명의로 납부된 점, 공사과정에서도 수도, 전기 등이 사용될 수 있는 점, 2016년 4월분(2,156,660원) 및 5월분(997,430원) 전기요금은 일반적인 가정의 요금으로 보기에 과다한 점 등을 고려하면, 단순히 요금납부 사실만으로 □□□이 2016. 8. 24.경부터 이 사건 건물에 실제 거주하였다고 본 판단을 뒤집기는 어렵다.

## 3. 결론

그렇다면, 원고의 이 사건 청구는 이유 없으므로 이를 기각하기로 하여 주문과 같이 판결한다.

## • • 저 자 약 력 • •

이 현 진

현재 삼성세무법인의 세무사로 재직하면서 우송대학교 세무부동산학과에서 학생들에게 실무형 세법을 가르치고 있다. 그리고 Chat GPT 출현으로 앞으로 세무와 회계 시장이 큰 변화가 올 것을 예상하여 IT와 세무, 교육서비스를 결합하는 방향을 연구하면서 공익법인 및 스타트업 세무와 회계컨설팅, 조세와 관련한 연구 과제용역을 수행하는 '택스케어 랩'의 연구소장으로 있다.

주요 경력으로는 세무사 출제위원 및 대전교통공사 사외이사, 납세자보호위원을 역임했으며 계간 세무사 편집위원, 한국세무사회 주관 자격증 시험 선정위원, 대전교차로 경제칼럼으로 활동하고 있다.

주요 연구 분야는 조세회피와 경제 상황에 맞춰 바꿔야 하는 세법 개정 방향을 주로 연구하고 있다.

| **윤사빈** 우송대학교 세무부동산학과 | **김부림** 우송대학교 세무부동산학과 |
| --- | --- |
| **지현정** 우송대학교 세무부동산학과 | **윤상준** 우송대학교 세무부동산학과 |
| **서유림** 우송대학교 세무부동산학과 | **이지응** 우송대학교 세무부동산학과 |

# 상속세 핵심 이론과 실무

초 판 발 행 : 2023년 4월 11일
공    저 : 이현진, 윤사빈, 지현정, 서유림, 김부림, 윤상준, 이지응
발 행 인 : 허병관
발 행 처 : 도서출판 어울림
주    소 : 서울시 영등포구 양산로 57-5, 1301호 (양평동3가)
전    화 : 02-2232-8607, 8602
팩    스 : 02-2232-8608
등    록 : 제2-4071호
홈 페 이 지 : http://www.aubook.co.kr
**ISBN**    978-89-6239-899-1    13320

저자와의
협의하에
인지생략

**정 가**    15,000원